中学生にジーンと響く道徳話100選

―道徳力を引き出す“名言逸話”活用授業―

長谷川博之 編著

学芸みらい社
GAKUGEI MIRAISHA

長谷川博之に捧ぐ

快活・知的・早稲田マン。魅力ある道徳の創造　ここに！

ＴＯＳＳ代表　向　山　洋　一

まえがき

1．道徳授業には生徒を伸ばす力がある

年に三五時間の道徳の授業を人一倍大切にしてきた。

副読本の中身の薄さに衝撃を受け、自作教材（PowerPointなどのソフトで作ったコンテンツと発問・指示）を開発した。

目の前の生徒同士の関わり合いや時折生じる事件を学級通信に綴り、学級活動の時間とは目標を明確に区別して、授業を展開することも少なからずあった。

> 道徳の授業で価値を教え、共に考え、様々な教育活動で具体的に実践させる。
> 生徒の髪の毛一筋の変容を見極め、認め、ほめることで強化する。周囲に波及させる。

そんな実践を、ひたすら重ねてきた。

生徒の道徳的言動は、質、量ともに日に日に高まっていった。

若き頃、選択教科があった時代には、「道徳を選択に入れてほしい」と懇願された。

その後も、最後の授業で何をしたいと尋ねれば、「道徳の授業を受けたい」と応える生徒がかなりの割合で存在した。

センスに恵まれない自分でも、そういう授業をできるようになった。

一方で、行事指導や学級活動に振り替えることで道徳の授業から逃げる教師をたくさん目にしてきた。勤務した学校に限らない。全国各地の仲間たちからも毎年、それぞれの現場での酷い実態の報告がある。

生徒の意欲を引っ張り出す工夫をすることなく、すなわち職責を果たすことなく、副読本と付属のプリントを機械的に使用して流すだけの授業が蔓延している。

生徒もまたそんな授業に期待せず、無為の時間が流れていく。

悲しいが、そんな現実が溢れている。

微力ながら行動を起こしたいと、長きにわたり考えてきた。

2．プロは批判の矢を自身に向ける

道徳の授業を大切にしない、真剣に工夫することのない教師の担当する生徒及び学級集団は、案の定、人格の高まりが小さい。

> 三月の生徒の姿は、教師にとっての「通信簿」だ。

道徳の授業を大切にしない教師ほど、心が育っていないことを生徒や保護者のせいにする。明確な責任転嫁である。育たなかったのは、こちらの仕事が手ぬるいからであり、甘っちょろいからに他ならない。素人にもできる程度の「教育」をしておきながら、原因を他に求めるのはプロフェッショナルとしてこのうえなく恥ずかしい。

どんなに課題の多い集団であっても、どんなに重い事情を抱えた生徒であっても、志と実力の高い教師がその教育を担当すれば、見違えるほどに成長するものなのである。

そのような事実が、不肖私の実践にも、確かに存在する。

私よりもセンスに恵まれ、そのうえ教育の腕を磨く努力を重ねる教師ならば、テレビドラマなど足元にも及ばない感動的な実践群を次々と生み出しているはずである。

3．難しいからこそ、学び、実践する

教師になったばかりの頃、確かに道徳の授業は困難だった。

明確な、しかも高い成果を上げ得るモデルが見当たらないのだった。

「道徳の授業のプロ」と周囲が称する教師の授業を見ても、憧れを抱くことはなかった。そこに「子どもの事実」がなかったからだ。

特定の「型」を押しつけようとする指導主事と論争した経験もある。

教育の方法には常にベターしか存在しない。それなのに、権力を笠に着てこれがベストだと強弁する輩が悲しいかな存在す

るのだ。

本気で教育の理想を追う者は、実践の裏付けのない空理空論に流されることはない。

子どものためにならないこととは、徹底的に闘う。

身近にモデルを見つけられなかった私は、古今東西の本を読み、全国を巡って人に会い、学びを実践に移していった。

変容は無論、すぐには訪れない。

発問をしても反応が薄かったり、困った顔をされたりすることがあった。

胃の痛む思いをしたことも、一度や二度ではなかった。

それでも、他の活動でごまかすことは一切なかった。


教科の授業ではできないことが確かにある。


それをするのが道徳の授業だ。そう確信していたからだ。

様々なアプローチを工夫して心身の成長を促し、生徒の自立を支えるのが教師の仕事だ。


心へのアプローチの中核が、まさに道徳の授業だ。


それなのに、授業がしづらいからと、勝手な言い分で逃げを打つ。

そういう教師に道徳を語る資格はない。生徒の前に立つのはおこがましい。本気でそう思ってきた。

私は道徳的に素晴らしい人間ではない。不惑を迎えた今も、圧倒的な未熟者である。

だが、いや、だからこそ、道徳的に向上したいと常に思い、修養と研究を積んできた。

その一点で、生徒に授業をする資格があると考えた。


一時間一時間が貴重な、「生徒と共に考える場」であった。

授業づくりを通して、授業を通して、生徒のみならず私自身もまた成長していったのだった（なお、道徳の授業づくりに関しては、機を改めて問題提起をするつもりである）。

4．この素材を調理するのは、あなた自身である

本書のテーマは「語り」である。

全国各地の教育現場で格闘する若き同志たちが、実践をくぐらせた語りを多々報告してくれた。

私のセミナーや著書群、学級通信集などからの「追試」が多くを占めるが、同志のオリジナルも少なくない。

たとえ私の実践の追試であっても、授業者が変われば、語りも変わる。

本来の私の意図から、結果として少しばかり離れた語りもある。

少々気になる点や、補足すべき点は「コーヒーブレイク」（私はコーヒーを飲まないが）欄にコメントを残すことにした。

読者が日常生活のあらゆる隙間時間に、可能な限り簡潔に語れるよう、各テーマをコンパクトにまとめた。

もちろん、授業の腕があれば、ひとつの話題をもとにして濃密な五〇分の授業を展開できよう。

こちらが意図したのは、あくまでも素材提供である。

この素材を調理するのは、読者であるあなた自身である。

様々に工夫し、実践され、成果をご報告いただけると有り難い。

日本全国の中学生の、よりいっそうの心の成長を、私もまた願ってやまない。

最後になりますが、今回もまた執筆の機会をくださった学芸みらい社の樋口雅子氏、そして常に我が国の行く末を思い、温かくも厳しい指導をくださる向山洋一師匠に心から感謝を申し上げます。

二〇一七年三月　桜の蕾がほころぶ日に

NPO法人埼玉教育技術研究所代表理事　長谷川博之

もくじ

2 ここぞという時に語ろう！ 場面別　2学期　行事編

3 場面別　3学期　別れ編

ここぞという時に語ろう！

4 テーマ別語り

いつでも話せるようになりたい！

5 世界の偉人、世界に貢献する日本人

道徳授業に付け加えたい！

6 先輩・大人のナマの声

身近だからこそ響く！

7 “そんなのあり?!” 道徳討論の題材10

中学生が熱くなる！

8 こう言われたらどうする？

きれいごとじゃない本音の道徳問答

1 ここぞという時に語ろう！場面別　1学期　出会い編

1　自分の可能性を信じられる「馬鹿にされてきた偉人たち」

オススメ時期→　新学期／学級開きの時　新徳目→　向上心・克己

1　語り　偉人たちの幼い頃

誰のことでしょうか。


僕は、子どもの頃は弱虫で、いつもみんなに馬鹿にされていました。鼻水もたらし、いつまでたっても寝しょんべんが治りませんでした。

一二歳で塾に通いますが、そこでも馬鹿にされ、いじめられていました。また、物覚えも悪く、「君にはもう教えようがない。明日から来なくてよい」と言われてしまいました。

そんな時、大好きだったお母さんを亡くしてしまいます。

優しかったお母さんの代わりになったのが、三つ上のお姉さんでした。「泣くのは、やめなさい。男は、もっと強くならなければいけません」

お姉さんに励まされ、少しずつたくましくなり、もう決して泣かない青年へ成長していきました。


これは、坂本龍馬の小さい時のエピソードです。周りから馬鹿にされていた泣き虫が、日本の歴史を大きく動かしたのです。

今度は世界的に有名な人です。


小学生の時、何を話す時もゆっくり考えてから話をする私は、周りから「のろまさん」と馬鹿にされていました。

学校の授業も嫌いで、成績はいつもビリ。先生から「この子は頭の回転が鈍く、何も取り柄がない」と言われていました。

ある日、お父さんから方位磁針をもらいました。どこでも向きを変えない方位磁針の針を見て「何もないと思っていた空間にも何かがあるんだ」と、大自然の力や科学の世界に心を惹かれるようになっていきました。

やがて、科学者として研究を重ね、二六歳の時に「特殊相対性理論」を発表し、世界中を驚かせました。


アインシュタインの小さい頃の話です。「のろまさん」と呼ばれていたアインシュタインが世界的な発見をするなんて誰も思いませんでした。

君たちの才能がいつ、どんな形で現れるか、それは誰にもわからない、ということを世界中の偉人が教えてくれています。

今日から新学年がスタートします。今年が、才能を開花させる一年となるかもしれません。このクラス一人一人が、誰もが持っている才能、可能性を最大限伸ばすため、一日一日を全力でがんばっていきましょう。

2 補足 誰にでも可能性があること

野口英世も昔はいじめられていた。ニュートンは泣き虫だとからかわれていた……そんな話は山ほどある。

現在活躍する人でも、小さい頃はスポットライトを浴びることがなかった人がいる。例えば、サッカー日本代表の本田圭佑は、中学時代は「基本的な能力が足りない」と言われ、高校時代はユースチームに入れなかった。将来どのように成長していくかは、今の姿からはわからないものである。

新学期のスタートだからこそ、誰にでも可能性があることを強く伝えたい。偉人たちの小さい頃の様子を伝えることで、自信を持てない生徒にも勇気や希望を感じさせて、新学期をスタートさせることができる。

《参考文献》
『育つ才能伸びる個性—世界の偉人50人の子ども時代』伊藤隆二著（ＰＨＰ文庫）

★長谷川のコーヒーブレイク

学期の初め、子どもたちは新たな気持ちで出発しようとしている。そんな時、努力の大切さを語る。努力すべきだ、と説教するのではない。努力して成功した先人のエピソードを語って聞かせるのである。

2 間違いを恐れない「エジソン二万回の失敗」

オススメ時期→ 学級の授業開きや四月の最初の授業の時　新徳目→ 希望と勇気

1 語り

（大型の白熱電球を見せながら）「夜でも昼のように、光で明るく照らされる世界をつくりたい」そんな思いからエジソンは白熱電球を発明しました。

もちろん、最初から上手くいったわけではありません。長時間、光を出し続けるためには、電球のフィラメントと呼ばれる電球の中の光る細い線が、電気を通して熱くなっても切れないことが必要でした。フィラメントを何の素材にするのかが、一番の難題でした。新しい素材を試しては失敗、また新しい素材を探して、試してみては失敗……その繰り返しでした。

> あなたがエジソンなら、何回くらいあきらめずに挑戦できますか。

エジソンは、二万回近く（八千回などの説もある）実験を繰り返したと言われています。

工場で手に入る材料では全部うまくいかなかったため、植物に目をつけます。エジソンは、ブラジルのアマゾンやフロリダの湿地など、世界中から、五〇〇箱もの植物を集め研究しましたが、どれも駄目でした。

そして、ようやくフィラメントに一番適したものを見つけたのです。それは、日本の京都の石清水八幡宮の竹でした。白熱電球の誕生には日本が大きくかかわっていたのです。

こうして、「白熱電球」は生まれました。初めて光を灯した一八七九年、三千人もの人たちが集まり、暗闇を昼のように照らす光に感動したといいます。このことは、新聞記事にも取り上げられました。

ある新聞記者が、エジソンに質問をしたそうです。「何万回も失敗をしてあきらめることはなかったのですか？」

エジソンは何と答えたでしょうか。

「あれは、失敗ではありません。上手くいかない方法を一つ一つ確かめたのです。あきらめることが失敗なのです」

その挑戦の結果生まれた電球が、今も私たちの生活を明るく照らしてくれているのです。もし、エジソンが一万回であきらめていたら、今の私たちの生活は暗闇のままだったかもしれませんね。

今日から新学期が始まります。エジソンも一万回以上挑戦して、白熱電球を発明しました。君たちも同じです。何度も失敗して、間違えて、それでもまた挑戦して……そうやって成長していくのです。教室は間違える人のためにあるのです。失敗や間違いを恐れず、何にでも挑戦して自分の可能性を伸ばしていく、そんな一年間にしましょう。

2 補足 誰にも可能性がある

新学期は、生徒も様々な希望を胸に秘めている。だからこそ、「誰にも可能性がある」ということをエピソードを通して伝えたい。

復刻されたエジソンの電球を購入し、実際に点灯する様子を見せてから話をするとより印象に残る。

《参考文献》

『絵で読む教科書に出てくる世界の科学者たち　夢の発明王エディソン』杉山薫里著（汐文社）、『エジソンと発明』Laurie Carlson 著（丸善出版）

★長谷川のコーヒーブレイク

一度や二度失敗したくらいで落ち込んでいるのは、そもそも考えが甘いのだ。そんなに簡単に成功するならば誰でもやっている。天才ですら何千回も挑戦して成功したのだというエピソードには大きな価値がある。私は、「挑戦の先には成功か学びのどちらかしかない」と教えている。

1 ここぞという時に語ろう！場面別　1学期　出会い編

3 いじめは絶対に許さない

オススメ時期↓ 学級開きの時／いじめの兆候が見られた時　**新徳目↓** 強い意志

1 語り① いじめはささいなことから

「いじめ」とは、どんな行為でしょうか。無視、叩く、蹴る、悪口、仲間外れ、物を隠すなど……相手を深く傷つけることが繰り返し行われることです。いじめというと曖昧な響きがありますが、これらはすべて刑法で規定される犯罪です。

そんないじめも、初めはちょっとしたいたずらやからかい、小さな「イジ芽（板書する）」だったことがほとんどです。大きないじめにならないように、日頃から言葉遣いや友達との接し方を考えて行動しましょう。

2 語り② いじめの定義

文部科学省は、いじめを「一定の人間関係のある者から、心理的、物理的な攻撃を受けたことにより、精神的な苦痛を感じているもの」と定義しています。

これでは少しわかりにくいので、いじめ対策で効果を上げている国、ノルウェーでの定義を見てみましょう。

> ① 一方的かどうか。
> ② 何度も繰り返されているか。
> ③ 一人の子だけがねらわれているか。
> ④ やられている子がつらい思いをしているか。

このようにはっきりした定義があると、わかりやすいですね。自分の友達への接し方や周りの出来事も、この視点からいじめになっていないかどうか、確認してみてください。

3 語り③　いじめは誰もが不幸になる

いじめは脳を傷つけることが最近の研究でわかりました。

人間の脳は三つに分かれています。一つ目は、食べたり、呼吸をしたりするための「命を支える脳」。二つ目は、喜んだり、悲しんだりするための「感情の脳」。三つ目は、言葉を話したり、勉強したりするための「考える脳」です。

いじめを受けると、「命を支える脳」に傷がつきます。だから、生きていく力がどんどん弱っていってしまうのです。

いじめた子も大変なことになります。いじめをして、その学校や地域にいられなくなった、裁判所に訴えられて何千万ものお金を払った、両親が会社を辞めることになった……いじめをした子どもの親が自殺をしてしまった、そんなことも実際に起きています。いじめをしたほうも人生が滅茶苦茶になります。

するほうも、されるほうも不幸になるいじめを、先生は許しません。困った時には、先生や周りの大人に遠慮なく相談してください。また、このクラスでそんないじめが起きないような明るい雰囲気をつくっていくことです。このクラスならできると信じています。

4 補足　予防策・対応策を知る

いじめは簡単にはなくならない。だからこそ、いくつものエピソードや予防策・対応策を知っておく必要がある。

《参考文献》

『TOSSランド　いじめの授業』http://www.tos-land.net/teaching_plan/contents/986

★長谷川のコーヒーブレイク

本文に加筆しておいたが、私は「いじめ」という言葉を使わない。犯罪だと断言し、六法全書を読み上げる。また、生徒会の取組として学校独自の「いじめの定義」を策定、共有したこともある。そういった具体的な取組と共に、力のある語りをするとよい。

1 ここぞという時に語ろう！場面別　1学期　出会い編

4 刃物男に立ち向かい負傷した女性巡査長の語り

オススメ時期→ 子どもに仕事の責任感を教えたい時　新徳目→ 公徳心

1 語り

東京のある町で「助けて！」という甲高い悲鳴が響きました。その声を聞いて行動した一人の女性警官がいました。

警察官というのは、人を守るために様々な武器を身につけています。

しかし、この日は、仕事が休みで、武器は携帯していませんでした。

急いで現場に駆けつけると、血だらけの中年女性が飛び出してきました。すぐ後ろからは犯人らしき男が追いかけてきています。手には包丁のような刃物が光っています。

女性警官の身長は一六〇cmほど。それに対して男は一九〇cmを超す大男でした。

> あなたが女性警官なら、大男に立ち向かいますか。

女性警官は勇敢に立ち向かったのです。手に持っていたバインダーで必死に刃物を止めますが、力では到底、大男にはかないません。バランスを崩します。そこへ襲いかかってきた男の刃物。女性警官はそれを自分の手のひらで受け止めました。激痛が走ります。大男はその隙に再び中年女性を追いかけました。しかし、駆けつけた別の警察官によって、間一髪のところで男は逮捕され、一件落着しました。

後日、この事件についてインタビューを受けた際、女性警官の第一声は「悔しい」だったそうです。

> なにが「悔しい」のだと思いますか。

「あの現場で、捕まえられなくて悔しかった」この女性警官の父親も警官でした。「お父さんのように市民を守れる警官になりたい。どんな時でも人を守らなければいけない」と覚悟をしていたのだそうです。だから、「捕まえられなくて悔しい」という気持ちになったのです。

そんな強い覚悟を持った彼女に、新聞記者は問いました。

もし、同じような事件があったらどうしますか。

彼女は、「同じ事態に遭遇しても私は立ち向かいます」と答えました。きっと「警察官」という仕事への強い使命感から出た言葉でしょう。その使命感ゆえに、怖い目にあっても、痛い目にあっても、また立ち向かおうという気持ちが続くのです。

大人と子ども、職業の有無、そういった違いはもちろんあります。けれど皆さんも、彼女のように自分の仕事に使命感をもち、一生懸命に取り組んでみてください。きっと自分の仕事にやりがいを感じ、周りからも感謝されるはずです。そうやって行動する人が増えれば、クラスや学年は更に良くなっていきます。

2 補足 使命感を持って全力で取り組む姿を紹介する

学級には、名ばかりでほとんど仕事をしていない生徒もいるだろう。そこで、「自分の仕事に対して使命感を持って全力で取り組む大人」を紹介する。いくつものエピソードを通して、係活動や清掃などの仕事に責任をもって取り組もうとする心を育てたい。

《参考文献》朝日新聞記事

★長谷川のコーヒーブレイク

人の役に立つことに喜びを覚える。そんな子どもたちを育てたい。学級、学年、学校への貢献感を育みながら、責任感や使命感について語っていきたいものだ。責任感を持て、では持ちようがないのだ。

5 世界一のブルペン捕手の語り

オススメ時期↓ 目立たない仕事でも一生懸命取り組ませたい時

新徳目↓ よりよく生きる喜び

1 語り

野球の本場、アメリカのメジャーリーグでは、優勝すると選手一人一人に「チャンピオンリング」という指輪が贈られます。日本人で、大リーグのチャンピオンリングを一番多く持っている人を知っていますか。植松泰平（うえまつたいら）さんと言います。

> 植松さんのポジションはどこだと思いますか。

答えは、キャッチャーです。でも、ブルペン（次の出番を待つピッチャーが投球練習をする場所）専用のキャッチャーです。試合に出ることはありません。歓声や拍手を浴びることもありません。ただひたすら、次の出番を待つピッチャーのボールをキャッチして、返すだけの役割です。それでみんなも名前を初めて聞いたと思います。しかし、植松さんは「ブルペンキャッチャー」という仕事に生き甲斐を見出しています。

> どんな生き甲斐を感じていると思いますか。

「ピッチャーがいい気持ちでマウンドに立てるようにする」という生き甲斐です。そのために工夫していることがあります。一つが、ボールの捕り方です。植松さんは、自分がボールをキャッチした時、「パーン」と大きな音を出して捕るようにしています。

メジャーリーガーの剛速球や大きく曲がる変化球は音を出してキャッチするのはとても難しいことです。ですから、アメリカではわざわざ音を出してキャッチする人はほとんどいません。ですが、「パーン」と大きな音がなると、投げている方は気持ちがよくなっていくのです。

また、ボールを返す時も、丁寧に素早く返すようにしています。そのほうが、ピッチャーがリズムよく、気持ちよく投げられるからです。

そういった一つ一つの心遣いにこだわっているのです。

その植松さんが「まさか、俺がっ！」と驚いたことがあります。

ある日、ブルペンに座ると、観客から「タイラ！」と自分の名前を呼ばれました。試合には一試合も出ていないのに、周りのファンにも植松さんの功績は伝わり、評価されているのです。

所属するジャイアンツというチームからは、「ブルペン捕手は植松にしか任せられない」と高く評価されています。その間にチームが三回優勝し、植松さんもリングをもらったのです。

決して目立つことはないけど、チームからもファンからも大切な選手として認められた。その植松さんが日本人で一番多く大リーグのチャンピオンリングを持っているのです。

皆さんが担当する係や当番、委員会の仕事も同じです。目立たない、地味な仕事一つ一つにこだわって、真剣にやってみましょう。

2　補足　目立たない仕事でも、一生懸命、継続して取り組む

目立たない仕事でも、一生懸命取り組むことや継続して取り組むことの大切さを伝えられるエピソードである。野球に詳しくない生徒もいるのでポジションなどの用語について補足しながら話すといいだろう。

《参考文献》朝日新聞記事
『東洋経済ＯＮＬＩＮＥ』http://toyokeizai.net/articles/-/102218?page=4

★長谷川のコーヒーブレイク

まずは教師自身が目立たなくとも一生懸命働いている子どもに気づくことである。そして認め、ほめることである。その時にここで示されたような先人のエピソードを語るとよい。語りはタイミングなのである。

6　一生懸命やると光り輝く「帝国ホテル厨房物語　三國さんの皿洗い」

オススメ時期→　係や当番、委員会での仕事の大切さを伝えたい時　新徳目→　勤労

1　語り①　皿洗い

今から約五〇年前、とっても貧しい家庭に住んでいる中学生の男の子がいました。「料理人になれば毎日食べ物には困らないだろう」と思い、料理人を目指すようになりました。

中学を卒業すると、札幌のホテルのレストランで働くようになりました。といっても、皿洗いのバイト。来る日も来る日も皿洗いばかり。

皿洗いだけしていて料理人になれますか（生徒に問いかける）。当然なれませんね。それでもその男の子は続けます。

> 皿洗いをする時に、男の子はどんなことを意識していたでしょうか。

それは、他の人が来る前に皿洗いを一人で終わらせてしまうこと。本当は数人がかりで取り組むほどのたくさんのお皿を、真っ先に来て全部ピカピカにして、きれいに棚にしまうところまでやりました。

半年後、男の子はホテルの料理長に呼ばれ、あることを言われます。

> 何と言われたでしょうか。

「今日から正社員だ」つまり、レストランの料理人になったのです。

皿洗いは、誰もが嫌がる地味で面倒な仕事ですが、そんな地味な仕事でも全力を尽くして頑張っていると、誰かが見ているものなのですね。

2 語り② 皿洗いその後

その男の子は、札幌のホテルで一流のシェフとして働いていましたが、今度は日本一のホテル「帝国ホテル」のレストランに挑戦します。

しかし、帝国ホテルではまた皿洗いからでした。一度は一人前と認められた人が、包丁も持てずに皿洗い。二年が過ぎてもまだ皿洗い。さすがにつらくなってきましたが、それでも続けました。皿洗いだけでなく、ホテル中の鍋をピッカピカに磨いていきました。大人が入るくらい大きい鍋ですが、自分の顔が映るくらい、ねじの一本一本までピカピカに磨きました。

ある日、ホテルの料理長から呼ばれて、「スイスの日本大使館の料理長として君を推薦した」と言われました。超一流の料理人しか任されない大役ですが、料理長には料理作りを一度も見てもらったことはありません。

> なぜ皿洗いだけしていた人を、大使館の料理長に推薦したのでしょうか。

前向きに皿洗いを続ける姿や手伝う様子だけで、料理長には、彼の料理人としての熱意、そして腕前までも伝わっていたのです。

男の子は三國清三さんと言って、今では「世界の三國」と呼ばれ、日本を代表する料理人の一人となりました。その三國さんの料理人としてのスタートは、誰でもできる皿洗いを誰よりも真剣にやることだったのです。

3 補足 ささやかな取り組みの重要性

三國清三氏のエピソードにはインパクトのあるものが多い。だからこそテーマを絞って話を組み立てることを意識した。委員会や係、当番の仕事などささやかな取り組みの重要性をエピソードを通して考えさせたい。

《参考文献》『15歳の寺子屋 前進力』三國清三著（講談社）

★長谷川のコーヒーブレイク

仕事の評価は他人がする。地道に努力している人にはきっとスポットライトが当たる。嫌々するか、喜んでするか。同じ仕事をするにも、心構えによって結果に雲泥の差が生まれるものである。

1 ここぞという時に語ろう！場面別　1学期　出会い編

7 お天道様は見ているよ

オススメ時期→　陰で問題行動があった時／陰で良い行動をしている生徒がいた時
新徳目→　自由と責任

1 語り

誰も見ていないから道端にゴミを捨ててしまった。誰も見ていないから落ちていたお金を拾って自分のものにしてしまった。「誰も見ていないから……」と何かをしてしまったという経験はないでしょうか。

こんな時、たとえ周りに誰もいなかったとしても、あなたの行動を必ず見ている存在があります。どんな存在だと思いますか。

昔の人は次のように言いました。「お天道様は見ているよ」お天道様とは太陽のことです。たとえ誰にも見られていなかったとしても、空の上の太陽はあなたの行動を全て見ているよ、という意味です。

お天道様の他にもその行動を見ている存在があります。何だと思いますか。

それは自分自身です。誰が見ていなくとも、自分の心はその行動をしっかり見ています。意識せずとも、記憶は残ります。「因果応報」という考え方があります。「自分のしたことは必ず自分に返ってくる。良きも悪きも」という考え方です。世界中の成功者たちが口にする言葉でもあります。

例えば、日本には稲森和夫さんという人がいます。現在では「カリスマ経営者」「経営の神様」などと呼ばれています。京セラを興して世界的な企業に育て、不可能と言われたＪＡＬ再建を実現するなどたくさんの偉業を為し、尊敬されている人物です。その稲森さんは人生経験から得た教訓として、「人生は必ず因果応報になっています。悪いことをした人が繁盛していることはまずありません。良いことをした人が不遇のままでいることもありません」と言っています。

悪いことをして誰にも見られなくて、その時は「見つからなくてよかった」と思っても、巡り巡っていつかは自分に返ってきます。

良い行動をした時も同じです。誰も見ていないところでゴミを拾ったとします。その時はほめられることも、感謝されることもありません。しかし、巡り巡っていつかは自分に良いこととして返ってくるのです。

「誰も見ていないからいいや」と悪いほうに流れそうになった時、「誰にも見られていないから良いことをしてもしょうがない」と出した手を引っ込めてしまった時にこの話を思い出してみてください。

2 補足「昨日こんなことがありました……」

「靴隠しが起きた」「悪口のいたずら書きが見つかった」などの問題が起きた時や、陰で良いことをしていた子どもの行動を取り上げたい時に語りたいエピソードだ。語りの冒頭部分を「昨日こんなことがありました……」とその場面から始めてもよい。

学級の中の「お天道様」として、陰で行われている良い行動に光を当てられるのは教師だけである。この語りをした後に増えるであろう子どもの良い行いに気づき、その行いの価値を語れる教師でありたい。

《参考文献》

『成功の要諦』稲森和夫著（致知出版社）

★長谷川のコーヒーブレイク

「お天道様が見ているよ」も「因果応報」も、先人の智慧である。今ならば潜在意識の話をしてもよいだろう。私は初任者の頃から潜在意識を汚すなという話をしてきた。

1 ここぞという時に語ろう！場面別　1学期　出会い編

8　見られていないからこそやってみよう「宇宙貯金」

オススメ時期→ 学級集団としてさらにレベルアップを図りたい時　**新徳目→** 集団生活の充実

1 語り

最近、学級では周りの人のことを考えた行動が多くなってきました。友達の仕事の手伝いをしてくれたり、勉強を教えてくれたりと。周りに何かを与える人、周りのために動く人が増えたことをとても嬉しく思います。「ありがとう」の声もたくさん聞こえるようになりました。

でも、次の場合はどうでしょう。

放課後、忘れ物を取りに教室に行くと教室にゴミが落ちています。教室にはあなただけです。みなさんならどうしますか。

誰も見ていないから見て見ぬふりをする人もいるでしょう。もしかしたら拾ってゴミ箱に捨てる、という人もいるかもしれません。

> 人に知られないところでする良い行いのことを陰徳と言います。

陰徳は周りのためになりますが、誰からも感謝の言葉をかけてもらえません。続けられますか。一回や二回ならできそうですけど、何回も、となると少し難しいかもしれませんね。

でも、昔からのことわざで「隠徳あれば陽報あり」と言われています。「陽報」とは、「素晴らしいこと」という意味です。立派に見える人、幸せに見える人は必ず陰徳を積んでいるのだ、と昔から言われています。

また、この宇宙には「宇宙貯金」というのがあって、人のためになる善い行いをすると宇宙の口座にお金が貯まっていく、と面白いことを考えている人たちもいます。

例えば、教室のゴミを拾ったら……（チャリーン）。

みんなが帰った後にそっと机を並べたら……(チャリーン)。

自分の担当以外の委員会や係の仕事を手伝ったら……(チャリーン)。


人が気づかないことでいいのです。誰かのためになっていることをすると感謝の言葉の代わりに宇宙貯金が貯まるのだそうです。


そして、宇宙貯金は貯まれば貯まるほど金利がついて、後々良いことがたくさん起きるそうです。面白い考えですよね。

誰が見ていようが見ていまいが、誰が知っていようが知っていまいが、そんなことは関係なく、自分が「良かれ!」と思う行いを楽しんでする。

陰徳も宇宙貯金も、何が起きるか楽しみながら取り組むとわくわくしますね。

目に見える良い行動も素晴らしいけれども、誰も見ていないところでの行動も同じくらい、いやそれ以上に価値ある行動です。一歩踏み出してみませんか。

2 補足 周りのために動くこと

「周りのために動きなさい」と言っても子どもはなかなか動かない。「周りのため」という言葉に気恥ずかしさを感じるのが中学生である。「陰徳」「宇宙貯金」の話をすることで、周りのために動くこと、見えないところで動くことのきっかけ作りとなる。

何より大切なことは、教師自身が行動で模範を示すことと生徒の良い行動に気づき、ほめることである。その積み重ねで良い行動がさらに強化され、他の生徒に広まっていく。

★長谷川のコーヒーブレイク
率先垂範が教育の命である。その際に大切なのは、楽しんで働くことである。楽しそうに見えるからこそ、人は自分もやってみようと思うものだ。義務感でやっていては、良い行動も広まらない。

1 ここぞという時に語ろう！場面別　1学期　出会い編

9　毎日の行いが大切「お釈迦様のお弟子さん　周梨槃特」

オススメ時期→　学期はじめ／生徒に「素直になること」の大切さを伝えたい時

新徳目→　自主・自律

1　語り

昔々仏さまのお弟子さんに、摩訶槃特（まかはんとく）と周梨槃特（しゅりはんとく）という兄弟がいました。お兄さんの摩訶槃特は、とても頭が良くて、むずかしい仏さまの教えを覚えて詩にできるほど賢い人でした。けれども弟の周梨槃特は、自分の名前も忘れてしまうほど、何も覚えることのできない、頭の悪い人でした。

摩訶槃特は弟に「おまえは仏さまの弟子になっても何もできないから、やめて家に帰りなさい」と言いました。でも周梨槃特は、どうしても仏さまのそばにいたかったので、どうすればよいのか仏さまに聞いてみました。

すると仏さまは、弟の周梨槃特に一本の箒（ホウキ）を渡して、「塵（ちり）をはらい、垢（あか）をのぞかん……。この言葉を思いながら一生懸命、掃除を続けなさい」とだけ教えました。

周梨槃特は、仏さまに言われた通り、毎日箒を持って「塵をはらい、垢をのぞかん」と思いながら、何年も掃除を続けました。やがて、掃除だけはだれにも負けないほど上手になっていきました。

そんなある日、周梨槃特は、仏さまの教えがどういうことなのかがわかったのです。仏さまの教えがわかることを「悟りを開く」といいます。「悟りを開く」とは、あえて言うなら「生きていく上での悩みすべてから解放される」状態ですが、詳しく言葉で説明できるようなものではなく、どうすれば悟りを開けるかもわかりません。賢い兄の摩訶槃特でさえできなかったことでした。

悟りを開いた周利槃特は仏さまの次に偉いお弟子さんになりました。

> なぜ、周梨槃特は悟りを開くことができたのでしょうか。

それは、教えられたことを素直に聞き、行動し、毎日心を磨いていったからです。「掃除なんてばかばかしい」と言って何もしなければ悟りを開くことはできなかったでしょう。

人が成長するために一番大切なことは「素直さ」です。昔から「素直が一番」と言われてきました。他の人が親切に言ってくれたことを「そんなことは必要ないよ」という人より「やってみよう」と行動してみる人のほうが伸びるということです。周りの人の言うことに、素直に耳を傾けてみてください。

2 補足 「何を伝えたいのか」によって、話の組み立てを変える

この話は「何を伝えたいのか」によって、話の組み立てが変わる。「掃除をして悟りを開いた」ことに重点を置けば「掃除をすることの大切さ」の語りになるし、「毎日続けたこと」に重点を置けば「続けることの大切さ」の語りになる。また、釈迦（＝仏さま）が「愚かなことを自覚している人は愚かではない。一番愚かな人は自分が愚かだということに気づかない人だ」と述べたことを加えれば、生徒に自信を持たせる語りになる。

生徒にとって馴染みのない「摩訶槃特」「周梨槃特」などの名称や「悟りを開く」などの言葉については、わかりやすいようにかみ砕く必要がある。

《参考文献》
『チューラパンタカ』（周梨槃特）『http://www.arukou.net/saiunji2/h16/zakki/culapanthaka.html

★長谷川のコーヒーブレイク

世の中では指導力ばかり話題になるが、それと同じくらい大事なのが「指導される力」である。指導される力がなければどんな教えも実を結ばない。素直さは指導される力の土台である。私はそう教えてきた。

1 ここぞという時に語ろう！場面別　1学期　出会い編

10　足りないからこそ見えてくる「ベルをなくしたレストラン」

オススメ時期↓　周りに気を配って動く生徒が増えてほしい時　新徳目↓　思いやり

1 語り

レストランで、テーブルの上にあるボタンを押すと、「ピンポーン」と音がなります。その音を聞いて、店員がテーブルまで来て、「お客様どうなさいましたか？」と聞く、そんな光景を見たことがあると思います。この「ピンポーン」のシステムは、様々な飲食店で採用されています。

ところが、このシステムをなくす決断をしたレストランがあります。

> その結果、レストランの売り上げはどうなったと思いますか。

なんと、売り上げは二倍に上がったのだそうです。

> なぜ売り上げが上がったのだと思いますか。

「ピンポーン」の音がなくなったことによって、今まで以上にお客さんをよく見るようになったからです。「あ、水がないな」と思ったら、お客さんが呼ぶ前に「お水はいかがですか」と動くようになり、「あ、こちらを見ているな」と思ったら「お客様、何かございますか」「お呼びでしょうか」と声をかけるようになったのです。

お客さんにしてみたら、何も言わないのにお水が出てくる、声をかける前に来てくれるわけだから気持ちがいいですよね。

結果として、店員の対応にも自然とあたたかさがにじみ出るようになり、「またあのお店に行こう」と思うお客様が増えました。お店に何度も来てくれる人が増えた結果、売り上げが上がったのだそうです。

便利な機械にあえて頼らない状態をつくったからこそ、店員に「気づく」力がついたのです。

また、働いている店員側も、「『気づいてくれてありがとう』というお客からの言葉が増えた」と、以前よりも仕事にやりがいを感じている人が増えているのだそうです。

皆さんも視野を広げて、自分から「気づく」ことができるといいですね。

2 補足 語りと合わせてほめる

ほとんどの生徒たちが外食の際に見たことがある光景なので、状況をイメージしやすい語りである。音を鳴らしたのに店員が来てくれなかった経験はないか尋ね、その時の気持ちなどを話させてもよい。どのような行動をしてくれたら嬉しいかということを生徒から意見として出させ、やり取りをしながら進めることも可能である。

学校生活で「気づく」とは例えばどんなことがあるか、この語りの前後に、生徒に考えさせ、生徒自身の生活に還元させたい。そのきっかけとしてこのようなエピソードが必要である。

同時に、教師も生徒の動きに「気づく」ことが大切である。さりげなくゴミを拾ってくれている生徒、開けっ放しだった窓を閉めてくれた生徒など、目立たないところで学級や集団のために動いてくれている生徒を取り上げ、語りと合わせてほめることも効果的である。

集団の中で、自分以外に目を向け、よいところに気づく目を持つ生徒を育てたいものである。

《参考文献》
『アメーバニュース』http://yukan-news.ameba.jp/20140411-193/

★長谷川のコーヒーブレイク

一流レストランでベルを置いている店などない。ホテルにもない。なぜベルが必要なのか。スタッフの実力が低いからである。ベルが鳴らなければ客のニーズに気づかないほど鈍感なのである。目線を上げて周りを見よう。あなたを必要としている人がいる。私はそう付け加えるだろう。

11 ピンチも捉え方次第「本田圭佑　ケガはチャンス」

オススメ時期↓　あきらめないことの大切さを伝えたい時

新徳目↓　向上心

1 語り① 代表への道のり

ある小学六年生がこんな作文を書きました。

> ぼくは大人になったら、世界一のサッカー選手になりたいと言うよりなる。ワールドカップで有名になって、ぼくは外国から呼ばれてヨーロッパのセリエAに入団します。そしてレギュラーになって10番で活躍します。

しかし、この少年は通っていたサッカークラブの監督から「最低限の力が足りない」と言われてしまいました。どのスポーツでも、世界一と呼ばれる人たちは小さい頃から才能が光っているものです。小学六年生で「力がない」と言われた人が世界一になった例はほとんどありません。

しかし、少年は努力を続けます。練習をたくさんするだけでなく、ノートに自分の記録を残していきました。その日の練習メニューや自分の課題だけでなく、食べたものや便の回数まで記録することを毎日続けました。

その少年は成長し、二〇〇八年には日本代表の一員となりました。名前を本田圭佑と言います。小さい頃に力がないと言われても、そこで諦めなかったからこそ、本田選手は日本代表になれたのです。

2 語り② ケガはチャンス

その本田選手に、ヨーロッパの名門チームであるアーセナルからオファーがありました。夢を叶えるビックチャンスです。

しかし、結局入団することはできませんでした。手術が必要なほどの大ケガをしてしまい、それが原因でオファーも取り下げになったのです。

本田選手はそのケガについてどのように思ったでしょうか。

「これはチャンスだ」と思ったそうです。ケガをしたら辛いことや悩みが当然出てきます。しかし本田選手は、そういった悩みを「僕は反対（ポジティブ）の角度から見ているからチャンスになるんです」と言いました。「ケガしてサッカーができないからこそ、普段できないトレーニングをやろう」と、本田選手はリハビリと並行して筋力トレーニングにも前向きに取り組みました。そのおかげで復帰後、ケガをする前よりもさらに活躍できるようになりました。

活躍を続ける本田選手に、とうとうセリエAの名門チーム「ACミラン」からオファーがきました。本田選手に与えられた背番号は10番。ついに夢のひとつが叶ったのです。

小学校の時に「ぼくは大人になったら、世界一のサッカー選手になりたいと言うよりなる」と宣言した本田選手。名門チームの一流プレーヤーと認められてもなお、日々努力を続けています。

3 補足 努力を続けたからこそ夢を叶えることができた

本田圭佑選手のように活躍しているスポーツ選手について、「才能があるから活躍できるのだ」と考えている中学生は多い。しかし、本田選手は、「力がない」と言われても諦めずに努力を続けたからこそ夢を叶えることができた。「諦めるな」「努力をしなさい」と何度も言うよりも、このようなエピソードを語ることが大事である。

《参考文献》『実現の条件 本田圭佑のルーツとは』本郷陽一著（東邦出版）

★長谷川のコーヒーブレイク

中学生の多くは運動系の部活動で日々汗を流している。プロを目指さずとも、県大会出場などを目標に努力している中学生はたくさんいる。彼らに伝えるべきエピソードは山ほどある。日々の努力の積み重ねで目標を達成した人たちの事実は、中学生の心に響く。

1 ここぞという時に語ろう！場面別　1学期　出会い編

12　脳科学者も太鼓判「ポジティブシンキング」の大切さ

オススメ時期→　学級の中で「できない」「もう無理」などの発言が出てきた時

新徳目→　よりよく生きる喜び

1 語り

救急医療センターは医師にとってきわめて忙しく、大変な思いをする場所です。徹夜で手術したあと、またすぐに別の重症患者が運ばれてくることはよくあります。食事も睡眠もとれないまま患者の手術に追われるのが日常茶飯事です。すでに瞳孔が開いたままだったり、心臓が動かなかったりなど、とても助からないと思われる人たちばかりが運ばれてきます。

ある救急医療センターで部長を務めているのが林成之さんです。

> 林さんは、ここで働く医師や看護師たちに、二つの約束をしました。何だと思いますか？

一つ目は「マイナスの言葉を使わないこと」、そして二つ目は「鏡の前で一番よい笑顔をつくってから病院に来ること」です。

約束した後も、医者や看護師たちがマイナスの言葉を言うことはありましたが、「今、無理だって言ったよ」などとお互いに注意し合いました。

マイナスの言葉を脳が聞くと、「これはよくないことだ」と判断し、「それならあまり働かなくてもよいか」となるのです。そのため、考える力、記憶する力、物事を決める力など、脳の全ての働きが悪くなります。林さんは脳医学を研究しているので、こうしたことを知っていたのです。

「一番の笑顔をつくって病院に来る」こともまた脳の働きを良くします。笑顔など表情をつくる筋肉は、脳のはたらきと深く関係しています。笑うことで脳の働きがよくなることも研究でわかっているのです。皆さんも、横にした鉛筆を口でくわえるつもりで、にっと口元をあげてみましょう。笑顔がつくれるでしょう。こうして笑顔をつくった時に、悲しいとか、暗い気持ちになりませんよね。

　この二つを行い続けている林さんの救急救命センターのチームに、成果が表れてきました。普通は助かることがない、瞳孔が開いたままで運ばれてきた患者が、元気に仕事ができるまで回復する件数が増えていったのです。普通は一割程度の人が仕事に戻れればよいのですが、林さんの救急救命センターでは、約四割の人たちが仕事に戻れるようになったのです。

　林さんはこうした脳のはたらきについて、北京オリンピックの競泳日本代表チームのメンバーにも教えました。北島康介選手にも、脳の力を高める方法を教えていたのです。結果、日本競泳チームは北京オリンピックで51・8％が自己新記録を達成し、北島康介選手の金メダルをはじめ、五個のメダルを獲得するという快挙を成し遂げました。

　「疲れた」「無理だ」というマイナスの言葉を使わず、プラスの言葉を使うことが、考える力、記憶する力、物事を決める力を高めます。みんなも笑顔で、プラスの言葉を使い、脳の力を高めていきましょう。

2 補足　脳の仕組みという観点から語る

　脳科学の発展により、言葉による脳の働きへの影響がわかってきた。東京大学の池谷裕二氏もサブリミナル効果として、「がんばれ」と表示すると握力が2倍に上がる例を紹介している。脳の仕組みという観点から、言葉や環境の大切さを、いくつも例を挙げて紹介していくとよい。

《参考文献》
『脳に悪い7つの習慣』林成之著（幻冬舎新書）

★長谷川のコーヒーブレイク

　脳科学はまさに日進月歩である。どんな言葉を使っているかで人生が決まるという論文まで出てきている。私たち教師は最先端を学び続ける必要がある。学んでいない教師の話ほど退屈なものはない。知性のきらめきがないからである。知性のきらめきは、勉強量に規定される。

1 ここぞという時に語ろう！場面別　1学期　出会い編

13 小さな悪口も積もらせない「ハインリッヒの法則」

オススメ時期↓　学級開き後／少し学校生活に慣れてきた時

新徳目↓　友情・信頼

1 語り

「ハインリッヒの法則」という言葉があります。この法則は、アメリカの研究者が発表したものです。何か一つ大きな事故があったときには、その裏に二九の「小さな事故」があり、さらにその背景には三〇〇のヒヤリとするような小さな「異常」がある、という内容です。

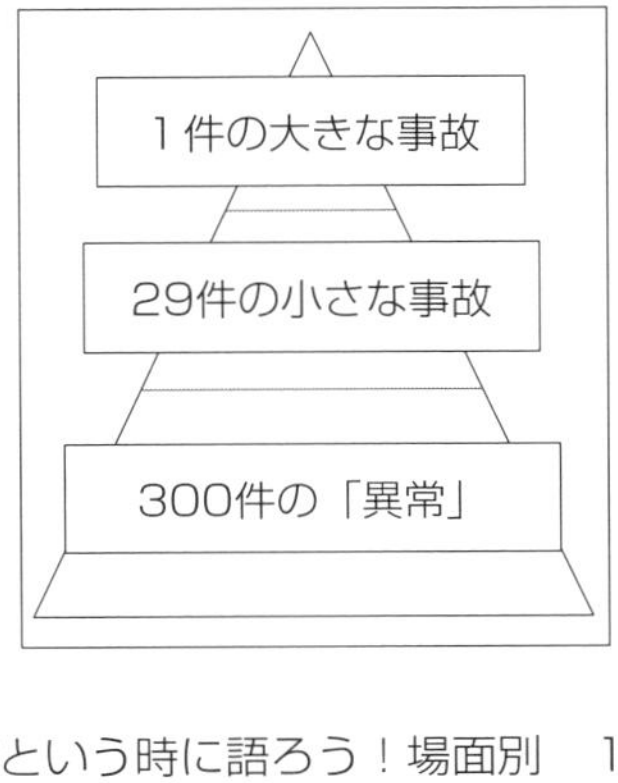

みなさんの生活に置き換えてみましょう。例えば、「いじめにあって学校に来られない生徒がいる」という「大きな事件」が発生したとします。

> いじめという「大きな事件」が起こるまでには、その裏にどんな「小さな事件」があったと考えられますか。

例えば「仲間外れにされている」「からかわれている」などがあり、辛い学校生活を送っていたのかもしれません。では、そうなる前にはもっと小さな出来事、「異常」があったはずです。

> その背景には、どんな「異常」があったのでしょうか。

（生徒数名を指名。悪口、ケンカなど）そのようなことがあり得ますね。

きっかけは小さなことでも、それが積み重なると、大きな事故や事件につながります。あなたが軽い気持ちで言った悪口が広まって、もしかしたら大きないじめに発展してしまうかもしれません。

この法則を応用して考えます。「大きな事故」を防ぐにはどうしたらいいと言えますか。

「大きな事件」のもとになる「小さな事故」、「異常」を発生させなければよいのですね。先ほどの例で言えば、きっかけとなる小さな悪口や無視などをなくしていけば、大きないじめなどには発展しないのです。

小さな「異常」を発生させず、事件・事故のない、いい学年・学校にしていきたいですね。

2 補足 いじめの「きっかけ」を生み出させないための語り

「いじめはよくないことである」ということは誰もがわかっているけれども、普段の生活の中で「いじめ」と認識せずに悪口を言ってしまう生徒は少なくない。また、最近ではウェブ掲示板、ＳＮＳコミュニティなどに発信した悪口から発展するいじめも増えている。

本稿は、自分の軽率な言動がいじめという大きな事件につながっているという意識を持たせるための語りである。いじめの「きっかけ」を生み出させないための語りを、年度当初に何度もしておく必要がある。

大きな事件が起こる前に生徒に語っておくからこそ、小さな指導事項があった時に「以前、『ハインリッヒの法則』の話をしたよね。今は小さなことだけれども、こういうことが積み重なると、大きな事件につながってしまうんだよ。大きな事件にならないように、もう繰り返すのはやめなさい」と指導することができる。

★長谷川のコーヒーブレイク

この語りの良さは、子どもとの「共通言語」「共通のものさし」を構築できることである。「今のは『小さな異常』だね」「『小さな事故』を生まないために今日できることは何だろう」などと語り合えるのである。

14 日本を大切にしてきた日本人の「美しい大和《やまと》言葉」

オススメ時期→ 子どもたちの言葉遣いが荒いな、と感じた時　新徳目→ 我が国の伝統と文化の尊重

1 語り① 日本語と英語の違い

「ありがとう」を英語にすると、「Thank you」ですね。

では、「いただきます」は英語で何と言うか知っていますか。実は「いただきます」にぴったりの英語は存在しないと言われています。英語に訳せない日本語とも言えます。他にも「ごちそうさま」「いってらっしゃい」や「お帰りなさい」なども英語に訳すことができません。

出かける人に対して無事を祈る言葉や食事に対して感謝を表す言葉は英語圏の国にはない、日本独自の文化なのです。

では、今度は、普段使っている日本語を別の言葉にしてみましょう。

> 「超はやい」の「超」を、「超」以外の言葉を使って言い表しなさい。

英語で言うなら「very」の一言です。しかし、日本語なら「とても」「すごく」「ものすごく」「とてつもなく」など、様々に言い換えることができますね。他にも「このうえなく」という表現があります。これは日本古来より使われていた言葉なのです。「これより上がない」という、最上級の想いが込められています。

日本古来から使われている言葉を大和言葉と言います。大和言葉には、一つの意味を表すのにも様々な表現があり、その一つ一つに、日本人の文化や古来の習慣が込められているのです。

2 語り② 日本語と英語の違い

ある社会人が、「社長、今は暇ですか」と尋ねたところ、「暇そうに見えるのか！」と激怒されたそうです。

「今は暇ですか」を別の言葉に換えてごらんなさい。

例えば、「お手すきですか」という言い方ができます。

「私には無理!」の「無理」を別の言葉に言い換えてごらんなさい。

「できません」などと言い換えることができますね。他にも「荷が勝ちすぎる」という言い方もあります。これらは大和言葉です。

私たちが発する言葉は時に、意図しなくても相手を傷つけてしまうことや失礼に当たることがあります。しかし、その言い方を少し変えるだけで別の印象を与えることもできます。

大和言葉には独特の穏やかさや柔らかさがあります。聞く相手の心に配慮した表現でもあるのです。多彩な表現がある私たち日本の言葉、ぜひたくさん知って、上手に使ってくださいね。

3 補足 日常で使える言葉を増やしていく

大和言葉には他にも次のような言葉がある。状況によって紹介してもよい。「有体に言えば」(ぶっちゃけ言うと)、「そこはかとなく」(なんとなく)、「胸に迫る」(感動する)、「お粗末さま」(どういたしまして)、「ごゆるりと」(ゆっくりと)など、日常で使える言葉を増やしていくとよい。

《参考文献》

『美しい「大和言葉」の言いまわし』日本の「言葉」倶楽部著、三笠書房

★長谷川のコーヒーブレイク

子どもたちには使いにくい表現も紹介されているが、興味深く聴くことだろう。要は美しい言葉を使わせたいのだ。言葉は「言の葉」だ。であるなら、葉の背後にある幹は何を表すか。幹の質が葉の質を規定している。美しい葉は美しい幹から生まれる。そんなことも話題にしてきた。

1 ここぞという時に語ろう！場面別　1学期　出会い編

15 言霊の力と思う人「天国言葉を口癖にしよう」

オススメ時期↓ 文句や陰口を聞いた時／文句や陰口を頻繁に言う生徒を受け持った時

新徳目↓ 節度・節制

1 語り

日本には古くから、「言霊」という考え方があります。「言葉には、口にしたことを現実に引き寄せる力がある」というものです。例えば、三学期、受験の時に、「滑る」「落ちる」という言葉に対して「縁起でもないからやめて」というやり取りを耳にします。これも、「(受験に)『落ちる』ことが現実になってしまう」という「言霊」の考えから来ているのです。

「ついてない」、「私ばっかり」、「許さない」、「もう嫌だ」、「腹が立つ」。

このような言葉を聞くと、良い気持ちはしませんよね。

「ついてない」という言葉を使ってばかりいると、「信号でまた赤だったよ」とか、小さなことにまで「ついてない」と思うようになります。「腹が立つ」と言っていれば、周りの人の嫌な行動が目につくようになり、余計に腹が立つものです。

このようなネガティブな言葉を「地獄言葉」と言います。

逆に、自分も周りも明るくなるような言葉を「天国言葉」と言います。

> 「天国言葉」には、どんなものがあるでしょうか。

(指名し、発表させる。「ついてる」「うれしい」「楽しい」「幸せ」「ありがとう」など)。このような感謝の言葉、前向きな言葉ですね。

辛い時、「辛い」と言っても何も変わりません。けれども、辛い時に「成長のチャンスだ」と言えると気持ちが楽になり前向きになれるものです。

「楽しい」という天国言葉をたくさん使っていると、楽しい出来事に目が向きます。「ありがとう」と言っていると、更に周りの支えに気づき、「ありがとう」と言う機会がいっそう増えるものです。

「口癖が人生を決める」という本もあります。

世界中の書籍で、プラスの言葉を使うことの大切さが指摘されています。

人生で成功を収めた人たちの多くが、言霊の大切さを知り、実践している人なのです。


あなたは天国言葉と地獄言葉、どちらを多く使っていますか。


天国言葉だと思う人（挙手させる）。地獄言葉だと思う人（挙手させる）。

地獄言葉のほうが多い人は、それ以上に天国言葉を言ってみましょう。まずはこの教室を、天国言葉であふれるクラスにしたいですね。

2 補足 行動で示せる教師であれ

この語りをする際は、教師自身が良い言葉を使う必要がある。地獄言葉を生徒の前で使っていれば、「お前が言うなよ」と思われるだろう。

逆に、天国言葉を多用している教師が話せば、効果的な語りとなるだろう。生徒に求めることは、まず自分ができていることが大前提である。率先垂範を意識し、行動で示せるような教師でありたい。

★長谷川のコーヒーブレイク

口にする言葉を意識することは想像以上に重要だ。「このクラスはつまらない」と言う生徒に対して私はこう告げた。「あなたがつまらないことばかり考え、つまらないと口にしているから、余計につまらなくなるんだよ」日々起きる現象そのものは無色である。色をつけるのは個々人である。ピンチでもチャンスだと言える人間は、周りも味方し、困難を乗り越えていける。

16　理想的な先輩「柿谷選手の先輩」

オススメ時期↓　先輩の立場になった時
新徳目↓　友情・信頼

1 語り

セレッソ大阪。Jリーグのチームです。そのチームに、柿谷曜一朗という選手がいます。

柿谷選手は、最年少となる一六歳でプロのチームと契約をします。優れたプレーで日本をアジア大会優勝に導きました。彼は周りから「天才」と呼ばれていました。

柿谷選手は、日本代表の香川真司選手と一緒にセレッソ大阪に入団しました。二人が入団した最初の年の二〇〇九年、香川選手はJリーグで二七得点をとりましたが、その香川選手よりも柿谷選手のほうが上だとの前評判でした。

しかし、その年、柿谷選手はわずか二点しかとれませんでした。周囲の期待がプレッシャーとなり、試合で結果を出せなくなってしまったのです。

香川選手はその年の得点王になり、日本代表に選ばれ、ドイツのチームに移籍しました。一方、柿谷選手は日に日に試合に出る機会が減っていきました。

> 柿谷選手は、どのような気持ちになったでしょうか。

やる気をどんどん失ってしまったのです。練習の遅刻も増え、外で問題を起こすようにもなりました。

そのような行動に対して、監督は激怒しました。柿谷選手は、クビにこそならなかったものの、セレッソ大阪よりずっと格下のチームに移籍になってしまいました。さらに意欲が低下します。遅刻を繰り返し、そのチームの監督にも、「チームの一員としてやるべきことをやれていない」と言われてしまいます。

それから数ヶ月後のことです。練習開始一時間前のグラウンドに、柿谷選手の姿がありました。練習開始前の準備を行っていたのです。彼は人が変わったように時間を守り、チームのためになることを進んで行うようになりました。

彼の変化にはどんなきっかけがあったのだと思いますか。

年上の大ベテランの選手が、柿谷選手につきっきりで生活面の指導をしたのです。柿谷選手は、大ベテランの選手が誰よりも早くグラウンドに出て準備している姿に憧れを抱きました。「この人のためにがんばろう」という気持ちが生まれ、自然とチームのためになる行動をし始め、練習への遅刻やピッチ外での問題行動もなくなっていったのです。

その後、本来の自信を取り戻し、セレッソ大阪で見事復活を遂げました。今ではセレッソ大阪のキャプテンとして、また国際的な大会では日本代表として日の丸を背負って活躍しています。今の柿谷選手があるのは、先輩からの支えや優しさがあったからです。

皆さんは、後輩たちにどんな働きかけをしていきますか。

2 補足　先輩の立場に立った生徒に伝えたい

先輩の立場に立った生徒に伝えたいエピソードである。所属チームや代表についての情報は執筆当時のものなので、話す前に確認する必要がある。

《参考文献》『Spotlight―心動かす、新発見を』
http://next.spotlight-media.jp/article/106333589410727246

★長谷川のコーヒーブレイク

中学校三年生が格好良ければ、後輩はその真似をする。憧れの力は偉大なのである。では、あなたが憧れた先輩は誰か。どこに憧れたのか。憧れられるのはどういう人間か。そんな切り口の学習もできる。

17　後輩を育てるのは先輩の姿「鏡の法則」

オススメ時期→　中学二年生の最初、先輩として後輩への接し方を考えてほしい時　新徳目→　思いやり

1　語り①

いよいよあなたたちも先輩となりました。自己紹介で「いい先輩になりたい」「尊敬される先輩になりたい」という声が多く聞かれました。とても素晴らしい目標だと思います。

では、「いい先輩」「尊敬される先輩」とは、どんな先輩なのでしょうか。考えてみましょう。

昨年一年間を振り返って、「先輩にされて、言われて、嬉しかったこと」はどんなことでしたか。

（発表させる。いいことを教えてもらったね、いい先輩に出会えたね、など、ひと言添えるとよい）

では、反対に、「先輩にされて、言われて、嫌だったこと」はどんなことでしたか。

（発表させる）

あなたたちは、昨年一年間で様々な経験をしてきたのですね。

さて、冒頭で話した「いい先輩」「尊敬される先輩」になるのは簡単です。皆さんがされて、言われて嬉しかったことをたくさん行い、嫌だったことをしなければよいのです。自分が受けて嬉しかったことを後輩にしてあげれば、よいつながりができていきます。

ぜひ、「いい先輩」と慕われる存在になってくださいね。

2　語り②

日々生活していると、もしかしたら後輩が言うことを聞いてくれない、ということもあるかもしれません。

そんな時、思い出してほしい言葉があります。「鏡の法則」です。簡単に言うと、「自分の周りの人たちや出来事は、自分自身を映し出しているのだ」というものです。

例えば、言うことを聞いてくれない後輩がいたとします。それはもしかしたら、あなたたち自身が、先輩や先生に対して言うことを聞いていないということの表れかもしれません。

後輩に限らず、人にされて嫌だなと思ったことがあったら、自分自身に同じようなことがないか、振り返ってみてください。自分の行動を改めると、不思議に、悩んでいることが解決するものです。

人を変えるのは難しいですが、自分自身が変わることはできます。まずは我が身を振り返り、自分が同じような行動をとっていないか、考えてみるといいですね。

3 補足 相手に喜ばれることを重ねていけばよい

中学生になり、先輩後輩という関係に固執しすぎて悩む生徒は少なくない。「先輩だから」「後輩だから」ということに縛られず、相手に喜ばれることを重ねていけばよいのだということを教えるとよい。

また、中学生は他人に対して批判的な見方をすることが多い時期である。相手の行動に文句を言うのではなく、まず自分自身の行動を振り返り改めることの大切さを様々な切り口で教え、身につけさせていきたい。

★長谷川のコーヒーブレイク

良きフォロワーのみが良きリーダーになれるという言葉がある。リーダーになった時にフォロワーがついてこないとしたら、別の場面で自分自身が良きフォロワーになり切れていない可能性が高い。変えられるのは自分だけ。いわゆる「課題の分離」であるが、重要な指導事項である。

1 ここぞという時に語ろう！場面別　1学期　出会い編

18 フォロワーとリーダーの話

オススメ時期→　新体制となって部活動がスタートする時　新徳目→　集団生活の充実

1 語り

サッカーの日本代表に、長谷部誠という選手がいます。知っていますか。

長谷部選手は、所属するドイツのチームで、なかなか試合に出られない時期がありました。そんな時、彼はこう思っていたそうです。

> 監督がどんな指示を出しているかをすぐ横で見る絶好のチャンスだ。

監督が何を求めているのか、チームとして必要なことは何かを観察していたのです。そして、試合に出るチャンスがあれば、そのことを活かし、監督が求めることも意識しながらプレーしました。

このように、リーダーを支える役割をフォロワーと言います。

初めて日本代表のキャプテンを任された時、彼はこう考えました。

> 声を出す選手が少なかったら、どんどん自分が声を出す。
> 逆にみんなが熱くなっていると思ったら、自分は冷静になる。
> 何か思いを抱いていそうな選手がいたら、汲みとる。

プレーでチームを引っ張るだけでなく、常に周りのことを考え、今チームにとって何が大切なのかを考えて動くことも、リーダーの役割なのですね。

こんなエピソードもあります。日本が試合に勝った後、ロッカールームや移動のバス、飛行機の中は喜びでお祭り騒ぎだったそうです。でも、長谷部選手は、あまり喜びすぎるべきではないと考えました。

なぜ、そう考えたのでしょうか。

試合に出られなかった選手は、チームが勝ったことを喜びながらも悔しくないはずがない。自身が試合に出られなかった経験からそう考えたのです。彼はリーダーとして、常にチーム全体のことを考えていたのです。

三年生が引退し、これからは君たち二年生がチームの中心となります。そこで、新チームの部長にA男を任命します。理由はわかりますか。

A男は、三年生が引退する前から三年生の手伝いをしていました。自ら進んで窓やカーテンの開け閉めを行い、ボールの後片付けもしていました。三年生の指示がない時もやっていたのです。まさしく三年生を支えるフォロワーとして信頼できる行動でした。チームのことを考えられるA男に今度はリーダーになってもらいます。A男には、これから厳しいことを要求するかもしれません。それでも先頭に立ってチームを引っ張ってほしい。そしてみんなには、A男を支えるフォロワーとなってほしいのです。

2 補足　望ましいリーダーとは、フォロワーの働きとは

部活動が新体制でスタートする時、多くの生徒は新しい部活動に期待を持っている。この時期は教師の思いを伝える絶好の機会である。

部活動では技術技能の指導のみでなく、生き方の指導ができる。私たちは人生のあらゆる場面でリーダーになり、フォロワーになる。望ましいリーダーとは何か、フォロワーの働きとは何か。エピソードで伝えていくとよいだろう。

《参考文献》『心を整える。』長谷部誠著（幻冬舎）

★長谷川のコーヒーブレイク

もうひとつ取り上げたいのが「サブ」の役割である。副会長、副委員長、副班長、副部長。「副」はリーダーのお手伝い係ではない。独自の重要な仕事がある。読者にも是非考えてほしい。

1 ここぞという時に語ろう！場面別　1学期　出会い編

19 勉学で道を切り開いた「二宮金次郎（尊徳）」

オススメ時期→ テスト前、勉強の大切さを伝えたい時　新徳目→ 克己と強い意志

1 語り

学校にある二宮金次郎の銅像。全国の学校にも数多く設置されています。

二宮金次郎は何をした人か知っていますか。あの姿から、薪を担いで歩きながら勉強していたのを知っている人は多いですよね。

金次郎は、小さい頃から貧しい生活を送っていました。その生活を少しでも良くしようと、お父さんやお母さんを助けようとするのですが、幼く体力もない彼は、足手まといになるだけでした。

そこで、知恵を絞って他の人たちの仕事がより楽になるように工夫していきました。これが二宮金次郎の学問の始まりでした。

やがて、お父さんが亡くなってしまい、その分まで金次郎が働かなければならなくなりました。勉強のためのまとまった時間をとることはほとんどできませんでした。

その時の金次郎の姿があの銅像です。薪運びの仕事中ですら、本を読んで勉強していたのです。一四～一五歳ぐらいのことでした。

彼は何のために勉強したのでしょうか。こんな言葉を残しています。

> 紙に「豆」と書いても、馬は食べない。馬が食べるのは本当の豆だけだ。

つまり、勉強で大切なのは生活に役立てることだという意味です。自分の生活をより豊かにするために学問はあると考えていたのです。

たくさん学んだ二宮金次郎のもとには、多くの人が相談に来ました。金次郎は、その一人一人に、学んできた知識を惜しげもなく伝えていきました。中には大名もいて、「経済的にとても貧しくて、人々が苦しんでいる町を何とかしてほしい」という依頼もありました。

彼がその町の人々に教えたことは、簡単に言うと、三つです。

> 誠実に生きること　一生懸命働くこと　倹約すること
>
> ＊ここでの倹約は無駄遣いせず、将来のためや人のために使うこと

農民一人一人に対して、心の底から喜びと自然への感謝を感じながら働くように説いていきました。

最初は金次郎のやり方に反対する農民もいましたが、彼自身が誠実に教えを説いていった結果、農民たちの心は変わり、町は経済的に豊かになりました。その後も日本中の数多くの村を立て直し続けた、そんな人物が二宮金次郎なのです。

彼の学び続ける姿勢と誠実な生き方をお手本にしてほしいと、全国の学校に二宮金次郎像が置かれるようになったのです。

もうすぐテストです。今まで習ったことが身についているかを確認するチャンスです。勉強すればするほどできることが増え、助けられる人の数も増え、自他の生活を豊かになっていきます。さあ、始めましょう。

2 補足　学んでいくことの価値や素晴らしさを伝える

豊かな社会を実現した今、そもそも何のために勉強するのかを見失ってしまう中学生が少なくない。勉強が難しくなる中学生にこそ、学んでいくことの価値や素晴らしさを伝えていきたい。

《参考文献》
『二宮金次郎』山下智之著（明治図書）

★長谷川のコーヒーブレイク

自分自身も、そして周りの人たちも幸せになっていく。それが学びの素晴らしさのひとつである。学ぶことで道を開いていった先達のエピソードをいくつも語ってやりたいものだ。

1 ここぞという時に語ろう！場面別　1学期　出会い編

20 オール1から教師になった人「宮本延春さん」

オススメ時期↓　定期テスト前など、勉強への意欲づけをしたい時

新徳目↓　向上心

1 語り① 目標があれば変わる

宮本延春（まさはる）さん。高校の教師です。

彼の中学一年生の時、成績はオール1でした。

漢字は名前ぐらいしか書けません。かけ算九九は二の段までしか言えません。中学卒業の時には、先生から「行ける高校はない」と言われるほどでした。勉強なんて大嫌い。高校には行かず、就職しました。

こんな宮本さんが、どうして高校の教師になれたのでしょうか。

きっかけは、物理学者、アインシュタインについての番組です。アインシュタインが何をした人か全く知らなかった宮本さん。でも、番組が進むにつれて、物理学をもっと知りたいと思ったのです。

宮本さんは、国語辞典を片手に、物理学の本を読んでいきました。そのうち、「大学に入って勉強したい」という目標を持ちました。彼は、もっと勉強したらもっと楽しくて素敵な世界を知ることができるかもしれないと思い、働きながらでも学べる定時制の高校に入ることにしたのです。

小学生の算数ドリルを買い、一人で勉強を始めました。両親をともに病気で亡くしていたため、仕事を続けながらの勉強です。仕事、睡眠、食事以外のすべての時間を勉強に費やしました。

当時を振り返り、宮本さんは「前はあんなに嫌だった勉強が、目標があるとここまで変わるのかと自分で思うほど、夢中で勉強していました」と語っていました。学ぶ楽しさを知り、いつしかその楽しさを教える職業である「教師」を目指すようになったのです。

元々は嫌いでも、目標を持って取り組むと夢中になれるのが勉強です。あなたは何のために勉強しますか。

2 語り② 勉強できる環境

学校は英語で「スクール」ですね。古代ギリシア語の「スコレー」が語源です。「スコレー」とは「暇」という意味です。この「暇」は、「ダラダラできる」ではなく「ゆとりがある」ということです。

子ども全員が学校に行く制度が始まったのは明治五年。当時は「子どもを学校に通わせてください」と言われても、家族が拒否しました。生活が苦しい中、子どもは立派な働き手だったのです。多くのお金がかかる学校に子どもを行かせるだけの「ゆとり」がありませんでした。

今、中学生一人が一年間、学校で勉強するためにかかる費用は、一人当たり約百万円です。そのお金を多くの大人が「税金」という形で支援してくれるから、皆さんは学校で学ぶことができるのです。

「勉強に打ち込める環境を大切にしてほしい。勉強や進学のことだけを考えて生活できるのは今だけなのだから」

宮本さんはこのようなことを語っています。勉強に集中できる今だけのチャンスを活かしてがんばりましょう。

3 補足 何のために勉強をするのか

何のために勉強をするのか、という問いに自分なりの答えを出せれば、生徒の勉強に対する姿勢は大きく変わってくる。また、勉強できる環境があるのはありがたいことなのだ、と気づかせることも大切である。

《参考文献》

『オール1の落ちこぼれ、教師になる』宮本延春著（角川文庫）

『国税庁ホームページ』https://www.nta.go.jp/

★長谷川のコーヒーブレイク

学びたくても学べない人のために学ぶのだ。吉田松陰の言葉と伝えられているこの一句に、私は心から賛同する。何のために学ぶか。答えは人の数だけあってよい。自分なりの答えを出すことが大切だ。

1 ここぞという時に語ろう！場面別　1学期　出会い編

21 常に学び続ける「世界のキタノ」「イチローの努力」

オススメ時期→ 新年度、勉強や部活動への意欲を高めさせたい時

新徳目→ 向上心・個性の伸長

1 語り① 世界のキタノ

ビートたけしさん。お笑いだけでなく、映画監督や執筆などさまざまな分野で活躍しています。たけしさんが所属する会社「オフィス北野」の社長が森昌行さんです。森社長は若い頃、よくたけしさんと飲みにいきました。

お酒を飲んで酔っぱらった後は、たけしさんの部屋に行って寝ます。朝起きた時、びっくりすることがあったそうです。

森社長は、どんなことに驚いたと思いますか。

朝起きると、たけしさんが一晩で読んだ本が何冊も積み上げられ、ノートがびっしりと書かれているのです。たけしさんはどんなに飲んで酔っぱらっても、家に帰るとシャワーを浴びて酔いを醒まし、それから朝まで本を読み、学びや気づきを書いていたのです。

それを見て、森社長は、最初は「おっ、すごいな」と感心しているだけでしたが、そのうち自分自身が恥ずかしくなってしまいます。たけしさんの家を出る時、「一体俺は何をやっているんだ」と何度も思ったそうです。「自分がアホに見えてくるんですよ」と森社長は言います。

夜遅くまで飲んで、どれだけ眠くても、たけしさんは若い頃からずっと、そういう努力を続けていました。だから、あれだけの活躍があるのですね。

2 語り② イチローの努力

ある人が小学校の卒業文集に書いた作文です。

僕の夢は一流のプロ野球選手になることです。そのためには中学、高校と全国大会に出て、活躍しなければなりません。活躍できるようになるためには練習が必要です。僕は三歳の時から練習を始めています。三年生の時から今までは三六五日中三六〇日は激しい練習をやっています。だから、一週間中で友達と遊べる時間は五、六時間の間です。そんなに練習をやっているのだから、必ずプロ野球選手になれると思います。

これは、イチロー選手の小学生の時の作文です。彼は、アメリカメジャーリーグのマーリンズに所属し、メジャー通算三千本安打の偉業を達成しました。

彼が夢を実現できたのはなぜだと思いますか。イチロー選手の言葉です。

「ぼくもみんなと同じような年の時には、汗水たらして泥にまみれて、みんなと同じように野球をしていたことを覚えておいてもらいたい」

小学生の時、一年間で三六〇日は野球の練習をしていたそうです。中学では部活が始まる前の朝七時から練習。プロになった今でも、毎日トレーニングや素振りを欠かしません。それが、彼の記録を支えているのですね。

3 補足 学び続けることの大切さ

生徒に身近な有名人のエピソードを通して、学び続けることの大切さを語り、行動を促していきたい。

《参考文献》

『天才をプロデュース?』森昌行著（新潮社）、『イチロー262のメッセージ』「夢をつかむイチロー262のメッセージ」編集委員会著（ぴあ）

★長谷川のコーヒーブレイク

栄光に近道なし。成功者は見えないところで常人の何倍もの努力を積み重ねている。努力を努力と思わないくらいに、呼吸するのと同じくらい自然に続けているのが彼らである。そのような世界が存在することを知る。それが出発点である。

1 ここぞという時に語ろう！場面別　1学期　出会い編

22 プレッシャーをはねのけよう「ラグビー日本代表の不安克服法」

オススメ時期→ 諦めずに続けてほしい時　新徳目→ 節度・節制

1 語り

日本中で話題になった「ラグビー日本代表」。ワールドカップで歴史的な勝利をおさめ、二〇一九年にはそのワールドカップが日本で開催されるなど、注目されるスポーツの一つとなりました。

体格の良い外国の選手に負けず、体をぶつけていく姿は人々に感動を呼びましたが、実は多くの選手が「相手とのぶつかり合いが怖い」と思っているのだそうです。「相手がでかい」「スピードが速い」「ボールを落としたらどうしよう……」そんな気持ちとの闘いなのだそうです。

もちろん、試合当日にまで「怖い」なんて言っていたら話になりません。

どうやってそんな気持ちを克服するのでしょうか。

練習をたくさんするのですが、その時に「自分ではどうしようもないこと」と「自分の努力で何とかなるもの」を分けるのだそうです。

「相手がでかい」、これはどうしようもないですよね。でも、自分がたくさんトレーニングして、たくさん食べて体を大きくすることはできる。相手が速いのもどうしようもないですよね。でも、しっかりと体を休めて、体調を整えることはできる。

自分ではどうしようもないことに悩む時間はもったいない。自分の努力でなんとかなることをひたすらにやり続けた。だから、外国の強豪国と対戦する時も堂々と闘っていられたのですね。

君たちも、今まで勝つための努力を続けてきました。後はやるだけです。積み重ねてきた努力を信じて試合に臨みましょう。

もうひとつ。いよいよ試合となると、緊張しますよね。ラグビー日本代表の中にも、試合前に緊張している選手がいました。

「うまくできなかったらどうしよう」と不安に襲われていたのです。

しかし、コーチの一人の声かけで気持ちを切り替えられました。次のような言葉でした。

「そういう状態になるのは当たり前です。ワールドカップなのですから。緊張とか興奮とかしないほうがおかしいと思います。ワールドカップに選ばれた選手にしか経験できないことなので、楽しんでいきましょう」

逆に、平常心でいるほうが、試合本番で失敗することが多いのだそうです。

皆さんは、やることをやってきました。それでも本番の試合で緊張するのは当然です。緊張するのは良いこと。緊張も含めて楽しみましょう。

2 補足 きっかけを提供する

特に引退がかかっている大会において、生徒たちは特別な心境になる。不安に押しつぶされそうになっている生徒もいる。不安を取り除けるのはその生徒自身だけだが、きっかけを提供するくらいならばできる。男らしいイメージのあるラグビー選手の不安とその克服方法は、生徒にとっても役に立つはずである。

《参考文献》

『ラグビー日本代表を変えた「心の鍛え方」』荒木香織（講談社）

★長谷川のコーヒーブレイク

平常心になりなさいと百万編繰り返しても生徒の心境を変えることはできない。だが、きっかけを提供することはできる。きっかけとは、ここでも先達のエピソードである。無論、教師自身の経験を語ってもよい。

23　最高のチームワーク「全員でつかんだ勝利　長野オリンピックジャンプ団体」

オススメ時期→　三年生最後の大会前、レギュラーメンバーを発表する時　新徳目→　相互理解・寛容

1 語り①　テストジャンパーの想い

日本がオリンピックで百個目の金メダルを獲得したのは何の競技だと思いますか。スキージャンプ男子団体です。

一九九八年、日本の長野県で冬季オリンピックが開催されました。スキージャンプ団体は、四人の選手が二回ずつ飛んで、合計点数を競います。

一本目を終えた時点で、日本は四位。このままでは金メダルどころか、銅メダルすらとれません。しかし、逆転の可能性はまだありました。

ところが、ジャンプ台が見えなくなるほどの猛吹雪のため、競技が一時中断されてしまいました。

再開するためには、誰かがジャンプをして、無事に着地できることを証明する必要がありました。どんな人たちがジャンプをするのでしょうか。

ジャンプをするのは、「テストジャンパー」と呼ばれる人たちです。

テストジャンパーを務めるのは、代表に選ばれなかった選手たちです。安全の保障はなく、また、たとえジャンプが成功しても、歓声や拍手はありません。

> 選手の代わりに飛ぶことは、嬉しいことだと思いますか。

代表選手を見る度に、「自分もあの場所にいたかった」という思いを抱いていたそうです。しかも、ほとんど先が見えないほどの吹雪という悪天候。恐怖も湧きます。それでも、このまま中止になればメダルを逃すという日本のピンチに、テストジャンパーたちは一致団結します。

高校生ジャンパー、女性ジャンパー、中には聴覚に障がいのあるジャンパーもいます。彼らは視界がほとんどない中を次々と飛んでいきます。出られない悔しさやジャンプへの恐怖を言葉や表情に表さず、ジャンプを決め、安全を証明することに成功し、競技の再開が決まったのです。

テストジャンパーの頑張りを見て、選手たちも更に燃えます。結果、奇跡の大逆転で日本初の金メダルに輝きます。選手も、それを支える人たちも一致団結して獲得したのが、日本の通算百個目の金メダルなのです。

2 語り② 代表選手の想い

長野オリンピックのスキージャンプ男子団体の選手だった原田雅彦選手。彼はオリンピック開幕直前、テストジャンパーだった友人に「忘れたから貸して欲しい」とアンダーウェアを借りました。

そして競技当日。原田選手はそのウェアを着て出場しました。

また、原田選手のグローブは、団体の試合に出場できなかった選手のものだったそうです。

原田選手はどういう想いで、仲間のものを身につけていたのですか。

オリンピックに出られなかった仲間の想いを背負って、飛んでいたのです。

3 補足 真のチームワーク

試合に出場できない選手はチームのサポートに、試合に出場する選手はプレーに全力を尽くす。それぞれの立場で、全力を出していくことが真のチームワークである。このような話を様々な角度から語りたい。

《参考資料》長谷川博之 研究物

★長谷川のコーヒーブレイク

世の中の視線は勝利者のみに向けられがちである。だが、勝利を支えた者の存在に気づかせることも大切な教育である。学校行事や部活動然り。

24 終了後、引退する先輩・後を引き継ぐ後輩に伝えたい語り

オススメ時期→ 夏の大会終了後、先輩が引退することになった時

新徳目→ 集団生活の充実

1 語り

三年生にとって、最後の大会が終わりました。負けてしまい、悔しい思いもあることでしょう。でも、大会で負けたことで、これまで部活動で積み重ねてきたものすべてが無駄になったわけではありません。「目標」と「目的」の話を繰り返ししてきました。三年生を中心に掲げてきた、大会で勝つという「目標」は達成されなかったかもしれません。でも、部活動は、勝利という「目標」に向かって仲間と協力し、努力することで、一人一人の人間性を伸ばすことが目的です。今日まで、部活を通して、様々な体験をし、様々なことを感じたり考えたりしてきました。

目を瞑ります。四月から今日までに、自分が成長したなと思うことを考えてみてください（時間を数秒間とる）。

目を開けます。一年生、四月から数か月の間だけでも、それぞれ成長したことがあったはずです。二、三年生は、それより前の期間もありますから、今の時間では思いつかないくらいたくさんの成長があったはずです。一つでも自分の成長を実感できたのなら、皆さんの部活での「目的」は、達成されたと言えるでしょう。

これまでの部活での学びは、これからの生活において、必ず活きてきます。三年生の引退は、ゴールというよりは、新たなスタートなのです。

三年生の皆さん、部活を引退しても、一、二年生にとって、あなた方が先輩であることに変わりありません。あなた方三年生は、これまで部活にたくさんのものを遺してきました。でも、これから卒業までに、○○中に遺せるものがまだまだあるはずです。何を大切にし、何を後輩に伝え、何を遺してこの学校を去るのかについて、考えてほしいのです。ひと息ついている暇はありません。卒業までに、さらに成長できるように、今日からまたがんばってください。

一、二年生の皆さん、先輩が引退するのですから、今まで通りというわけにはいきません。先輩が遺してきたものを、これ

からどう活かしていくのかは、あなた方次第です。素晴らしい部分は受け継ぎ、さらにその上に自分たちの良さを積み重ねていきましょう。そのために、やるべきことを改めて一つ一つ丁寧に確認していきましょう。

ここにいる全員で、大会に出ることはもうありません。少し寂しいですが、これまでの頑張りと学びは、これからの生活で必ず活きてきます。これまでに感謝して、新たなスタートを切りましょう。

2 補足 様々な成長、やったことの価値

部活動においても、「目標」と「目的」は異なる。常日頃からそのような話をし、夏の大会終了後には、このような語りをしたい。

日本一にならない限りは、大会のどこかで負けて引退を迎えることになる。負けた際には、部活を通して様々な成長があったこと、今までやったことに価値があるということに気づかせたい。

生徒の前で実際に語る際には、三年生について個人名を入れたり、成長の具体的なエピソードを入れたりしたい。その上で、三年生にとっても、一、二年生にとっても、大会終了がそれぞれの新たなスタートになることを伝えたい。

《参考文献》長谷川博之 研究物

★長谷川のコーヒーブレイク

「補足」欄に「三年生について個人名を入れたり、成長の具体的なエピソードを入れたりしたい」とある。その通りである。それが語りである。誰がいつどんな場面でどうがんばったのか。描写してやりたい。

25 三つの車の話＋四つ目？の車の話

オススメ時期→　夏休み前、安全指導をする時

新徳目→　節度・節制

1 語り

明日から夏休み。長い間待っていたという人もいることでしょう。
夏休みの間、次の四つの車のお世話にならないよう気をつけてください。

一つ目は、赤い車です。「ウーウー」という音を出しながら走ります。何という車ですか。（生徒指名）

「消防車」です。消防車はどんな時にやってきますか。（生徒指名）
夏休みは家族だけでなく、親戚や友人などとも花火をする機会があるかもしれません。その時、燃えやすいものがある場所で行ったり、火が完全に消えていない状態で片づけたりするとどうなりますか。（火事になる）
せっかくの夏休み。赤い車にお世話になることなく楽しみたいですね。

二つ目は、白と黒の車です。見ると背筋が伸びます。何という車ですか。（生徒指名）

「パトカー」です。パトカーはどんな時にやってきますか。（生徒指名）
夏休みは事件や事故、トラブルが増えやすいです。「このくらい大丈夫だろう」と気が緩んで、白と黒の車のお世話にならないようにしましょう。

三つ目は、白い車です。この車が通ると周りの車が止まります。何という車ですか。（生徒指名）

「救急車」ですね。救急車はどんな時にやってきますか。（生徒指名）

例えば、友達と自転車で遊びに出かける際、楽しみで仕方がないからいつもよりもスピードを出してしまっていた。十字路に差しかかった時、走ってきた車に気がつかずに飛び出し、ぶつかってしまった。即入院。大きなケガや病気をせず、白い車のお世話にもならぬようにしましょう。

最後です。四つ目、「?」の車です。


どんな車かわかりません。あなたの知らない人が乗っています。

でも、その人は「私はお父さんの知り合いだよ。さっきお父さんが交通事故に遭って緊急入院したんだ。連れて行ってあげるから一緒に行こう」のように、親切そうに声をかけてきます。でも、あなたの知らない人です。

どんな状況でも知らない人の車には乗らないようにしましょう。

四つの車には特に気をつけて、楽しい夏休みを過ごしてください。そして、元気な姿でまた夏休み明けに会いましょう。

2 補足 思考させて落とし込む

向山洋一氏の代表的な語りの一つ「三つの車」。小学生であってもイメージがしやすいよう、色や音を提示して興味を引き出している。また、拡散的な発問も織り交ぜながら、生徒にも思考させて落とし込みたい。

近年では、これらの三つの車に加えて『「?」の車』という実践もある。「見知らぬ人、不審者の車」という意味合いである。「優しそうな人に声をかけられても応じないこと」などの大切さを生徒たちに語りたい。

《参考文献》
TOSSランド「4つの車」長期休業前はこの話!　http://www.tos-land.net/teaching_plan/contents/13637

★長谷川のコーヒーブレイク

長期休業前に教師が発するべき重要なメッセージは、「休み明け、一人残らず健康で登校せよ」である。それを、例えば「四つの車」という形で語るわけである。

26 道元の話「よき人に近づけば覚えざるによき人になるなり」

オススメ時期→ 夏休み前の学活、様々な人との出会いを大切にしてほしい時
新徳目→ よりよく生きる喜び

1 語り

有吉道夫（ありよしみちお）さん。元プロ棋士です。千勝以上の勝ちを積み上げ、凄腕の棋士として名を馳せていました。有吉さんは一五歳の時、プロ棋士を目指すため、大山康晴（おおやまやすはる）さんという超一流棋士の下に弟子入りします。内弟子といって、家を出て住み込みで働く弟子です。師匠と一緒に生活をしていれば、将棋の打ち方をたくさん教えてもらえるはずだと考えたからです。有吉さんは大山さんから直接将棋の指導を受けた回数を数えていました。

四年間の住み込み期間で直接指導してもらえたのは何回だったでしょうか。

四年間でわずか三回。ほとんど教えてもらえませんでした。

住み込み期間、有吉さんは何をしていたと思いますか。

もちろん、一つは将棋の修業です。師匠の行う対局を見たり、本を読んだり、同じプロを目指す仲間と打ち合ったり……と将棋の勉強を重ねます。

それ以外の時間は、掃除や洗濯などをしました。「住み込み期間のほとんどは師匠の身の回りのお世話をしました」と有吉さんは言います。

このような師匠と弟子の在り方は、有吉さんと大山さんだけが特別なのではなく、他の師弟関係も同じなのです。将棋の世界だけでなく、落語や漫才の世界にもこのような師弟関係が存在します。

なぜ師匠は直接指導せずに身の回りの世話などをさせるのでしょうか。

一つは「技術だけを真似しても上達しない」という考えがあるからです。切迫した勝負場面では技術だけではなく、「精神力、判断力、勘」など、様々な要因がその命運を左右すると言われます。別の表現に置き換えるならばその人の「人間力」が勝負を分けるのです。

弟子は師匠の身の回りの世話をしながら、常日頃、師匠の側にいることで師匠の「生き方」を学びます。日々人間力を磨き、人として成長することで将棋の技術も総合的に向上していくということなのです。

道元が広めた言葉に「霧の中を歩けば覚えざるに衣しめり、よき人に近づけば覚えざるによき人になるなり」があります。「霧の中を歩いていると気づかないうちに服が濡れているように、良い人の側にいることで気づかないうちに自分もまた良い人になっている」という意味です。つまり、あなたが「良き人」に囲まれることで、あなた自身が良い方向に成長していく、ということです。夏休み、ぜひ多くの「良き人」と出会い、自分自身を成長させていってくださいね。

2 補足「人との出会い」という視点から語る

学校生活では人間関係を選ぶことは難しいが、長期休業中は様々な出会い経験をすることができる。精神的にも成熟してくる時期だからこそ、体験の大切さや学問的追究の面白さだけでなく、「人との出会い」という視点からも長期休業の過ごし方について伝えたい。

《参考文献》
『NHKテキスト　大山十五世名人と有吉九段の師弟タイトル戦』 http://textview.jp/post/hobby/17427

★長谷川のコーヒーブレイク

家庭外、学校外の「大人」と関わることが子どもをいっそう成長させる。憧れの対象たる大人に出会えた子どもは幸せである。師を見つけられたら人生が変わる。そんな話もまたしてきた。

27 夏休みに増えるものと減るもの

オススメ時期↓ 夏休み前、自主的に行動する大切さを教えたい時
新徳目↓ 節度・節制

1 語り

もうすぐ、夏休みに入ります。楽しみにしている人も多いと思います。さて、夏休みになるといつもより増えるものがあります。

何だと思いますか。

「自由」です。夏休みは部活以外の授業がありません。チャイムもない。先生方もいない。自分の生活のほとんどが自由です。

逆に減ってしまうものは何でしょうか。

「抑制力」が減ってしまうと言われています。普段なら、決まった時間に学校があって、チャイムが鳴り、先生たちも声をかけてくれるでしょう。しかし、夏休みは、そういう声がけがなくなり、自分自身で時間と行動を決めなければならない場面が増えます。「もっと遊んでいたい」「もっと夜更かししたい」という気持ちになりやすいですが、それを抑制するのは自分しかいないのです。

休み中に抑制しないと、二学期にどんな悪影響が出ますか。

生活のリズムが乱れると、朝早く起きたり授業に集中したりすることを辛いと感じるようになります。
また、自分の思った時間、思った通りに行動することに味を占めた結果、チャイム着席が守れなくなったり、自分の都合を

最優先することで友達に協力できなくなったりします。様々な悪影響が出てくるのです。

夏休みをどのように生活すれば、気持ちの良い新学期を迎えられるでしょうか。

例えば、自分で夏休みの一日のスケジュールを決めることです。一例として、次の五つを決めて生活できれば休み中も規則正しく生活することができます。

① 起きる時間を決める
② 勉強する時間を決める
③ 遊ぶ時間を決める
④ 毎日する手伝いの時間を決める
⑤ 寝る時間を決める

毎日の生活を安定させ、夏休みをより充実したものにしましょう。

2 補足 計画表づくりの前に語る

この語りは、夏休み前に生徒指導の話の一環としてするとよい。また、この話をした後、夏休みの計画表を書かせるとさらに効果的である。

★長谷川のコーヒーブレイク

思春期から青年期が終わるまでは脳の報酬系の発達に比べて抑制力の発達が遅れ、バランスが崩れる。中高生が快楽に流されがちになり、仲間と過ごすことで非行問題行動に手を染めたりするのは脳の発達特性からも説明できるのだ。抑制力を育てる最も効果的な手段は抑制力のある大人を近くに置くことである。休み中はこの大人が不在の時間が増える。だからこそ、予防的に前述のような指導をしておくのである。

28　全力ですることの大切さを伝える「ノミの話」

オススメ時期→　休み明けや行事がない時期で子どもがだらっとしている時
新徳目→　向上心

1　語り

ノミという小さな生き物がいます。体長は二～三㎜ぐらい（手で大きさを表す）。そのノミについて、研究している人がいました。

長年の研究の結果、ノミは一ｍもの高さをジャンプできることがわかりました。一ｍというのは、ノミの体長の三〇〇倍近くの高さです。人間で考えると、約五〇〇ｍ。飛んでいる飛行機にタッチができるくらいの高さです。

> このノミを高さ一〇㎝の箱に入れ、フタをします。その中でノミがジャンプすると、どうなると思いますか。

（数名に答えさせる。頭をぶつけるなどが出る）そうです。天井に頭をぶつけます。しかし、ノミも学習するので、しばらくすると、一〇㎝の箱、ギリギリの高さでジャンプするようになるそうです。

> 一週間後、フタを外しました。ノミがジャンプする高さはどれくらいでしょう。

（数名に指名する）一週間前までは、一ｍの高さを跳ぶことができたノミが、一〇㎝の高さしか跳ぶことができなくなったそうです。五㎝の箱に入れると、やはり五㎝しか跳ばなくなってしまうのだそうです。

一ｍ跳ぶ力があったとしても、その全力を出せないでいると、一〇㎝しか跳べなくなる。

これは、人間も同じかもしれません。本当は力があるのに、自分で「まあ、これくらいでいいか」と思って能力にフタをしてしまうと、本当にそこまでの力になってしまう。

箱の中のノミと同じように、一〇〇％の力を出さずに、例えば、五〇％の力しか出していない状態を続けると、本当は力があるのに、五〇%の力しか出せなくなってしまうのです。

> 今日、みなさんは何%の力で生活していますか。

（数人に何%くらいか言わせる）何にでも全力で取り組める人は、力を伸ばしていきます。手を抜く人は実力を落としていくでしょう。

日々、全力で取り組んでいきましょう。

2 補足 手を抜いて生活すると力が落ちていく

ノミという第三者の立場に自分を置き換えて考えることで、手を抜いて生活すると力が落ちていくことを冷静に学ばせる語りである。その後、自分たちの日々の生活を振り返らせることで、日常生活をもっと頑張って取り組んでいこうとする意欲を育んでいきたい。

《参考文献》

TOSSランド『全力ですることの大切さ～ノミの話～』http://www.tos-land.net/teaching_plan/contents/3362

★長谷川のコーヒーブレイク

同じ趣旨を教える話に「出し切る話」がある。筋骨隆々で一日に一〇〇坪耕せる男と三〇坪しか耕せない男。前者は日々五〇坪で満足し、後者は三一坪、三二坪と全力を出し切る。結果どうなるか。後者が前者を追い越す。こういう話をタイミングを見て短くできることも大切だ。

2 ここぞという時に語ろう！場面別　2学期　行事編

29 コツコツ頑張れば報われる「努力のツボ」

オススメ時期→　学習や部活動でうまくいかず、落ち込んでいる時

新徳目→　向上心

1 語り

ある小学二年生の女の子が、お母さんから聞いた話を作文にしました。


（前略）人がなにかをはじめようとか、いままでできなかったことをやろうと思ったとき、かみさまから「ど力のつぼ」をもらいます。

そのつぼには、いろいろな大きさがあって、人によって、大きいのやら、小さいのやらいろいろあります。

そのつぼは、その人には見えません。でも、その人がつぼの中に、いっしょうけんめい「ど力」を入れていくと、それがすこしずつたまっていきます。いつか「ど力」があふれるとき、つぼの大きさがわかる、というのです。だから、やすまずにつぼの中にど力を入れていけば、いつか、かならずできるときがくるのです。

（中略）なにかをがんばってやっているとき、お母さんにたのんで、このはなしをしてもらいます。くじけそうなときでも、このはなしをきいていると、心の中に大きなつぼが見えてくるような気がします。そして、わたしの「ど力」がもうすこしであふれそうに見えるのです。だから、またがんばる気もちになれます。


努力をしていても、すぐに何かできるようにはなりません。それでも休まずに「努力」をツボの中に入れていけば、いつかその努力はツボからあふれて、目標が達成されるのです。

努力のツボをもらうなら、できるだけ小さなツボのほうがいいですよね。

でも、大きなツボをもらうのも素敵なことです。大きなツボはいっぱいになるまでに時間がかかります。でもあきらめずに一生懸命努力を続けて大きなツボをあふれさせた時、小さいツボよりもずっと大きな達成感や感動が生まれます。自分のツボ

の中に努力がたくさんたまる、そんな毎日にしていきましょう。

2 補足　努力の支えとなるようなエピソードを

結果が出る前に「努力してもできないのでは」と感じてしまうこともある。その時に努力の支えとなるようなエピソードがたくさんあるとよい。他のエピソードも紹介するので参考にしていただきたい。


アフリカに、「雨乞いの踊りをすると必ず雨が降る」という不思議な力を持っている民族がいました。

調査の結果、雨乞いの後、本当に雨になることがわかりました。なぜなら、雨が降るまで踊り続けていたからです。

しかし、彼らは真剣です。雨が降るまで何日間も祈りを捧げ、儀式を続けるのです。「雨が降らないのは祈りが足りないからだ」と考えるのです。途中で「本当に降るのかなあ？」とは少しも考えません。

そして、雨が降ると祈りが届いたと感謝するのです。

《参考文献》
TOSSランド『努力は成功のもと1　努力のツボ』
『子どもの作文珠玉集1　子どもを変えた〝親の一言〟作文25選』東京子ども教育センター編（明治図書）

★長谷川のコーヒーブレイク

有名な「努力のツボ」の話。私も大好きで、子どもたちにも語り聞かせてきた。その語りの後に、自分自身の「ツボ」を紙に書き出させるとよい。いくつあってもよい。まずはイメージすること。それが目標達成の第一歩である。

2 ここぞという時に語ろう！場面別　2学期　行事編

30 なまけずがんばろう「農夫の話」

オススメ時期→ 生徒に自分の力を出し切ることの大切さを伝える時　新徳目→ 向上心・個性の伸長

1 語り

昔、大柄で、すごい筋肉の大男と小柄で細い小男がいました。

大男は一日に三〇〇坪（二五mプール三つ分）の田んぼを耕す力を持っていました。しかし、怠け者であった大男はのんびりと手を抜きながら働き、一〇〇坪しか耕しませんでした。

一方、小男は全力で働き続けても、一日に五〇坪しか耕せません。それでも小男は文句も言わず、汗水流して一生懸命に働き続けました。

そんな小男のがんばりを、大男は馬鹿にしたように見ながら、毎日毎日のんびり過ごしていました。大男は、小男の何倍も畑を耕せますが、そんなにがんばってもしかたがないと考えていたのです。

三ヶ月後、大男はあることに気がつきます。何だったと思いますか。

小男が、いつの間にかたくさんの畑を耕せるようになっていたのです。

これを見た大男は焦り、そろそろ本気を出そうかなと考えます。

しかし、のんびりと働いていた大男の体力は衰え、筋力も落ち、二〇〇坪しか耕せない体になっていました。

一方で小男は、毎日自分の力を精一杯出して働いていたおかげで、体力がつき、筋力もつき、がっしりとした体になっていました。小男はすでに、一〇〇坪を耕せるようになっていたのです。それだけではなく、真面目で一生懸命な小男を見て、一緒に働きたいという仲間が次々と増えていきました。たくさんの土地が耕せるようになり、収入も増えていきます。自分の家を建てることもでき、素敵なお嫁さんにも恵まれました。小男には良い出来事が次々と起きていったのです。

一方、大男は焦るばかりで上手くいかないことが多くなってきました。いつも適当に仕事をしていた大男は周りからも信用されず、誰も手伝ってくれません。収入は増えませんし、女性にも出会えませんでした。

このような状況に耐えかねた大男は空を見上げて言いました。

「なぜ、あいつばっかり。この世には神様も仏様もいないのか」

この間にもコツコツと自分の努力を積み重ねてきた小男。ついに大男よりもたくさんの畑を耕せるようになり、幸せに暮らした、という話です。

> あなたが神様だとしたら、大男と小男どちらを幸せにしたいですか。

神様や仏様が応援してくれるような生き方をしていきたいものですね。

2 補足　自分の力を精一杯出し切って生きる

自分の力を精一杯出し切って生きることの大切さは話を変えて何度も語る必要がある。

この話を教室でする時には、次のように付け加えてもよい。

「日々、自分の力を出し切っている人間には、力がつくだけではなく、奇跡も味方するのです。みなさんも毎日持てる力を出し切ることはとても大事なことです。出し切れば、夜の九時、一〇時には眠くなります。その時間に寝れば五時には目が覚めます。五時に目が覚めれば、健康に良いし、勉強もはかどります。こんな生活をお勧めします」

行動につなげるためにも、子どもが身近に感じられる話をしたい。

《参考文献》長谷川博之　研究物

★長谷川のコーヒーブレイク

大男の問いかけに答えよう。「この世に神も仏もいるからこそ、小男は成功したし、お前は不満足な現状の中にいるんだよ」この一言も私は伝える。出し切れば器は広がるのである。

2 ここぞという時に語ろう！場面別　2学期　行事編

31 最後まで諦めない「マラソン選手」の語り

オススメ時期→　勝ち負けが全てではないことを教えたい時　新徳目→　克己と強い意志

1 語り

一九八四年、アメリカのロサンゼルスで行われたオリンピック初の女子マラソンレースでの話です。

八月に行われたレースの当日は三〇度を超す暑さで、途中で棄権する選手もたくさんいました。

レースもほぼ終わりに近づいた頃、一人の女性選手がゴールのある競技場に入ってきました。

その時、会場は騒然となります。その選手は熱中症にかかっていて、フラフラの状態で走っているのです。その様子はテレビカメラを通して競技場だけでなく世界中に流されていました。

彼女は、次の一歩を踏み出すのもままならず、今にも倒れそうでした。

陸上競技場の事務室から出てきた医師たちが、彼女を支えようとしました。競技中に選手に触れたら、その選手は失格となってしまいます。それでも「もう止めたほうがいいのでは……」と医師が思うくらい、彼女はひどい状態でした。

しかし、彼女は医師たちの支えを拒み、一歩一歩とよろめきながらも進んでいったのです。

九万人の観客はいつしか一丸となり「ゴー！　ゴー！」と彼女に声援を送り始めました。拍手と声援は競技場を揺らしました。

テレビでは解説者が泣き崩れています。実況アナウンサーの頬にも涙が伝っていましたが、泣いてしまっては実況ができません。「俺は泣いてはいけない。しっかりするんだ。泣くな、わめくな、叫ぶな」と心の中で何度も言い聞かせていたそうです。

中学生でも一周一分程度で走れるトラックを、彼女は一歩、一歩と進んでいきます。ゴールまでにかかった時間は六分以上。最後まで観客は総立ちで応援しました。ゴールの瞬間、アナウンサーは渾身の力で「ゴールイン‼」と叫びました。

人々は、何に感動したのだと思いますか。

熱中症でフラフラになりながらも走り続けるその姿に、人々は心を打たれたのでしょう。一生懸命頑張る姿は、人の心を打つのですね。

彼女はレースを振り返ってこう言いました。

「本当にゴールまでたどり着きたかった。肉体はとっくに走ることを諦めていたけれど、でも心はコントロールできるんです」

いよいよ運動会です。人の心を打つのは、全力を出して頑張る皆さんの姿です。感動の一日にしましょう。

2 補足　勝ち負けを超えた価値がある

自分の思うような結果が出ない時や途中で結果が明らかになった時、あきらめたり投げやりな態度をとったりすることが生徒にはある。しかし、本当には大切なのは、勝ち負けではないことを、このようなエピソードだけでなく、普段の声かけや教師自身の姿でも伝えていくことが大切である。

《参考文献》

『カラダにいい水いい温泉　朝倉一善のブログ』http://ameblo.jp/kazgensensui6/entry-11592516448.html

『島村俊治　アラカルト』http://www.shimamura.ne.jp/acalte/rondon1206.htm

★長谷川のコーヒーブレイク

経験者でもない多くの日本人が夏の甲子園に熱中するのは、目の前の高校球児がまさに全力を出し尽くしている、その姿に感動するからである。

2 ここぞという時に語ろう！場面別 2学期 行事編

32 行事は何のためにやるのか？「目的」と「目標」の違い 運動会の意義を伝える

オススメ時期→ 運動会（体育祭）の取組を始める前に　新徳目→ 集団生活の充実

1 語り

今週から体育祭の取組が始まります。楽しみにしている人も多いはずです。多くの人が、「体育祭で優勝したい」と思っているでしょう。きっとどの学級も優勝を目指して頑張るでしょう。

体育祭で優勝を目指すことは「目標」と言えます。「目標」を持つことは大切ですが、もっと大切なのは、体育祭が終わった後、この学級がどのように変わっているかということです。

> 体育祭という取組を通して、日常生活が向上していなければ全く意味がありません。

例えば、練習の時だけ友達と協力して、普段は助けもしない学級。練習の時だけ時間を気にして行動して、普段は時間を守らない学級。そのような学級で優勝したいですか。

私はそのような学級で優勝したいとは思いません。たとえ優勝して賞状をもらったとしても、そんな賞状はただの紙切れと同じです。

たとえ優勝できなくても、体育祭終了後に、日常生活の態度がさらに良くなり、例えば清掃や給食などの当番活動にいっそう協力して取り組めるようになったり、仲間と助け合いながら生活する人が増えたりすることのほうが、優勝することよりも何倍も価値のあることだと思います。

> 行事の「目的」は、日常生活の向上にあるのです。

「目標」は優勝でもいい。でも、「目的」は、体育祭の取り組みを通して学級がより成長すること。そこが一番大切なのです。

体育祭の取り組みを通してどんな学級にするか、そのためにどんなことを意識して練習に臨むのか、みんなで考えていきましょう。

2 補足　行事を通して何を学ばせたいか

TOSS中学代表の長谷川博之氏は、「行事は手段であり、目的ではない」と繰り返し述べている。また、氏の学級通信には次のような文が幾度となく出てくる。

> 行事というのはすべて、日常生活の向上に結びつかなければ意味がない。
> 体育祭や合唱の優勝が、なんだというのだ。
> 日常生活の質の向上につながらなければ、ただの紙切れじゃないか。

生徒たちに、行事を通して何を学ばせたいか。これを明確にすることが極めて大切だ。

多くの学級では、行事になると優勝を目指して盛り上がる。優勝を目指して、その場限りの団結をし、祭りのように一時的に盛り上がるだけで、その後何も残らない。費やした時間と労力に対して、生徒の成長はほとんどないという状況である。

これらは全て「行事は手段」という思想がないからである。

そこで、行事の取組が始まる前に先のような語りをすることを通し、行事の目的は何か、行事後にどんな学級になっていたいかを考えさせるのだ。

《参考文献》長谷川博之　研究物

★長谷川のコーヒーブレイク

体育祭優勝、合唱コンクール金賞、これらが形だけのもので終わっている学級。優勝を目指してがむしゃらに取り組んだが敗れ、何も残らなかった学級。どちらも、不幸なのは生徒である。目的を明確にすれば、たとえ敗れても、素晴らしい学びが残るものである。

33 競技には勝ち負けを超えた価値がある「あるクラスの長縄挑戦」

オススメ時期↓ 結果だけが全てではないことを教える時

新徳目↓ 集団生活の充実

1 語り①

ある中学校、二年生のクラスのお話です。そのクラスに「矢部ちゃん」という男の子がいました。ぼんやりしていて、話しかけてもゆっくりとした調子でしか答えられない。運動も苦手で、行動も中学生にしては幼い。そんな男の子でしたが、周りの生徒の助けもあって、中学校生活を楽しんでいました。

さて夏休み明け、運動会の練習が始まります。そのクラスでも長縄の練習を重ね、予行練習では六分間に一二三回跳んで一位でした。ただし、矢部ちゃんが入ると一回も跳べません。ですから、矢部ちゃんは外から応援するだけという形になっていました。

本番前日、ある女の子から「矢部ちゃんと一緒じゃないのは差別みたいで嫌だ。一緒にやりたい」と訴えがありました。

> あなたがその学級にいたとしたら、賛成ですか、反対ですか。

その学級でも様々な意見が出ました。「なんで今さら言うんだよ」「練習してきた意味がない」「でも、本当の意味でクラスが一つになれない」話し合いは夕方まで続けられました。最終的に、矢部ちゃんも一緒に跳ぶこと、記録には結びつかなくても全員で跳ぶことが決まりました。

彼らは矢部ちゃんが跳べるよう、他の男の子が抱きかかえるようにして跳ぶ作戦を立てます。本番直前の練習では、一回だけ跳べました。

本番、競技が始まります。一回でも跳べると「やった！」と声が上がります。一回跳んで、喜んで、またもう一回……そんな繰り返しでした。

後半、なんと矢部ちゃんは連続で八回跳べるようになりました。しかも友達の支えなしで、です。感動で泣いている人もいました。

結果は六分間で七〇回ほど。最下位でしたが、その結果を誰もが喜び、見ていた人たちからも大きな拍手があがりました。

2 語り②

二〇一六年八月に行われた高校野球選手権大会（甲子園）の準決勝、九州国際大付属―早稲田実業戦。結果は、注目選手も所属していた早稲田実業が八対一で勝ちました。九州国際大付属にとっては、三年生の最後の試合。大量失点での敗退に悔し涙を流します。しかし、涙を流すのも束の間、応援席にいた九州国際大付属の部員たちはある行動に出たのです。

どんな行動だと思いますか。

悔し涙をこらえながら、試合前に降った雨の影響でぬれていた座席を雑巾で拭いていたのです。次に使う応援団や観客の人たちが気持ちよく席に座れるようにするためです。一つ一つ、丁寧に拭いていました。

この時の様子は日本で広く知れ渡り、「感動した！」「えらい！」といった多くの反響がありました。試合の結果以上に大切なものがあるのだと、彼らの姿が教えてくれている気がします。

3 補足 勝敗以上に大切なものがある

多くの現場に勝利至上主義がはびこる中、勝敗以上に大切なものがあることを様々なエピソードを通して伝え、気づかせたい。

《参考文献》『みんなで跳んだ』滝田よしひろ著（小学館）

★長谷川のコーヒーブレイク

指導者自身にこのような価値観がない場合、生徒は不幸である。プロ競技は結果が全てだろうが、学校教育の場では違う。学びはプロセスにある。

2 ここぞという時に語ろう！場面別　2学期　行事編

34 どの学級にも伝えたい「ある学級のクラス紹介スピーチ」

オススメ時期↓ 合唱コンクールの練習を始める時期　新徳目↓ 希望と勇気

1 語り

ある中学一年生が書いた、合唱コンクール前のクラス紹介の原稿です。

◆私たち1Aは、掃除や給食、朝読書など日常生活を大事にしている。一人一人がちゃんとコミュニケーションを取っていくことも心がけている。

日常生活をしっかりやっていれば、合唱など集団で一つのことを行う時も、まとまってできる。また、ささやかなことを大切に生活していく中で、直接自分の利益にならないことでも自分のことのように力を尽くせる人が生まれてきた。

行事は、その後の生活の質が高まってこそ意味があると、先生に学んだ。先生は四月から何十回何百回と、教えてくれた。

自分の事情より他の人のために動くことを優先する、利他の心。

練習は量ではなく一回にどれだけ真剣に取り組んだかが大事であること。

傷つくのを恐れて安全地帯に自分の身をおいて、言うべきことを言わずにいては、友情なんて芽生えやしないこと。

人間の価値は言葉ではなく、その人が何をしているか、つまり行動にあるということ。人は、行動している人をこそ信用するのだということ。

そして、「相手に勝つより、自分に克て」ということ。

一一月。私たちの合唱に、敵はいない。

「どこどこに勝とう」という話を、先生はしたことがない。

「合唱は芸術だ。芸術は競い合いじゃない」と教えてくれた。

私たちの周りに敵はいない。応援してくれる味方なら、たくさんいる。

それは、今はまだ未熟であっても、日常生活を大切にし、1Aの看板に恥じない生き方を、それぞれがしてきたからだ。どんな敵にでも勝つことが、「無敵」なんじゃない。「敵がいない」ことが、「無敵」なんだ。

私たちはその道を歩みたい。

文化祭で賞をもらえればたしかにうれしい。でも、「賞状」は紙切れにすぎない。合唱よりも大切なことを考え、行動し続けてきた学級は、賞状よりも大切なものをすでに手に入れているだろう。勝ち負けばかりを追い、大切なことを置き去りにした学級は、たとえ賞状をもらっても、それがその後に生きることはないだろう。

私たちは、前者でありたい。

合唱はゴールでなく、通過点の一つにすぎないからだ。

一人一人がA中学校の看板を背負っている。

日々、その重みを自覚して、日常生活を大切に生きていきたい。

「賞状の出ないところで一番になれ」

先生に学んだ、この言葉を胸に。◆

合唱コンクールは、優勝するためだけに取り組むのではありません。行事の意味や、クラスの成長のことを考えて、本気で取り組みましょう。

2 補足　中学生が書いた本気の文章

同じ中学生が書いた本気の文章である。このような考えで学校行事に取り組んでいる中学生がいるということを伝えるだけでも、生徒の意識は変わる。学活や道徳の授業で取り扱ってもよいだろう。

《参考文献》「クラス皆が一体化！中学担任がつくる合唱指導」長谷川博之編著（明治図書）

★長谷川のコーヒーブレイク

長谷川学級の中一女子が書き綴った文章である。生徒と私が日々大事にしていたものがはっきりと表れている。読み聞かせるだけで効果のある、力強い資料だ。

35 学校を変えた合唱「荒れた学校での挑戦」

オススメ時期→ 合唱コンクール前、歌うことの素晴らしさを伝えたい時

新徳目→ 友情・信頼

1 語り

卒業式の定番曲である「旅立ちの日に」という合唱曲があります。「白い光の中に～」という歌です。全国で卒業シーズンに歌われている他、CMでも有名歌手が歌ったことでますます知名度が高くなりました。

この曲を作った人はどんな人だと思いますか。それは、中学校の先生なのです。一九九一年、埼玉県秩父市立影森中学校の校長先生だった小嶋登先生、音楽教師だった坂本浩美先生によって作られました。

当時、とても荒れていた影森中学校。生徒にはツッパリが多く、授業も成り立たないような状況だったと言います。その学校を立て直すため、小嶋校長先生と坂本先生は「歌声の響く学校」にすることを目指し、合唱に取り組む機会をたくさん設け、粘り強く指導をしていったそうです。

なぜ、学校を立て直すために合唱指導に力を入れたのでしょうか。

歌うことは、心を開くことにつながります。努力の結果、少しずつ学校は明るくなり、授業にも前向きに取り組めるようになっていきました。

そして、三年後。校長先生は「卒業していく生徒たちのために、何か記念になる、世界に一つしかないものを残したい」という思いから、生徒たちのために歌を作ろうと提案します。

坂本先生から作詞を依頼された校長先生は、最初は「私にはそんなセンスはないから」と断りますが、翌朝、坂本先生の机の上には、校長先生が一生懸命に書き綴った歌詞が置かれていたそうです。

坂本先生が曲を作り、「三年生を送る会」で職員合唱として歌われた「旅立ちの日に」。生徒だけでなく教師の涙もあふれさ

せ、体育館を感動で満たしたこの歌は、それ以降、影森中学校で歌い継がれるようになりました。学校も落ち着き、一年中を通して、歌声が響く学校になりました。

やがてこの歌は周りの小中学校にも広がり、そして、全国で歌われるようになったのです。

「旅立ちの日に」は、小嶋校長先生、坂本先生をはじめ、影森中学校の先生方の思いがたくさん詰まった曲なのです。影森中学校の卒業生は「旅立ちの日に」を中学校時代の大きな思い出として、卒業してからも誇りに思っているといいます。

歌には、人の心を動かす大きな力があります。みなさんの合唱も、聞いている人の心を動かす、そんな歌になるといいですね。

2 補足 「歌が持つ力」を考えさせる

合唱コンクールを行う意味を考えさせると共に、「歌が持つ力」についても生徒たちに考えさせ、学校行事の価値を高めたい。

「旅立ちの日に」は全国的に有名な曲だが、その曲が作られた舞台が中学校だったということを知っている生徒は少ない。作詞者・作曲者が歌に込めた思いを読み取らせたうえで合唱を行うと、合唱も変わるはずである。

《参考文献》
『「旅立ちの日に」の奇蹟～いくつもの〝卒業〟を経て、今響く歌声～』卒業式ソング取材班編集（ダイヤモンド社）

★長谷川のコーヒーブレイク

二十代半ば、担任学年の卒業式に臨んで坂本先生に来校いただき、直に指導をしていただいたことを思い出す。無駄な前置きなしで歌い手の心をつかんでいく指導であった。

36 合唱祭と体育祭との違い

オススメ時期→ 合唱祭の練習が始まる時　新徳目→ 集団生活の充実

1 語り

私は毎年、合唱を大切にしてきました。もちろん体育祭でも燃えますが、それ以上に私は、合唱祭を大切に思い、力の限り取り組んできました。

合唱祭と体育祭の違いがわかりますか。

体育祭は、半分以上が個人の資質で決まります。

運動の苦手な子が四月から五ヶ月間、毎日一〇〇mダッシュをしても、運動能力の高い子を追い抜くことはできません。生まれつきの運動能力の差とは、とても大きいものです。

しかし、合唱は違います。運動競技に比べ、個人の資質に左右される部分が小さいのです。言い換えれば、学級全員の努力が、ストレートに形になるのが合唱なのです。

合唱は、「努力は報われる」という言葉が事実であることを、身をもって体験できる機会なのです。

「自分もやればできるんだ」と自信を持つことができると同時に、「この学級でよかった」と心の底からの一体感を感じることもできます。

もちろん歌にも、生まれつきの声質、声量、音感の差はあります。でも、運動に比べればその差は小さいものです。その差は努力で埋めることができると言えるでしょう。

ひと言で言うと、合唱は「努力が報われる活動だ」ということです。

私がこれまで担任してきた中には、合唱祭を通して大きく成長した学級がいくつもありました。

例えば、学校から足が遠のいてしまった級友が参加できるように配慮し、いつも笑顔で迎えてくれた子たちがいました。合唱の練習が始まる前、その生徒は「学級の中には自分の居場所がない」と感じていました。

しかし、周りの子たちはその子が歌いやすくなるように一緒に練習し、たとえ練習の時間にいないことがあったとしても、怒ることも、文句を言うこともなく励まし続けました。

歌が上手だったその生徒は、周りからも認められるようになり、学級の中に少しずつ自分の居場所を感じられるようになってきました。

合唱祭本番、結果は最優秀賞。その後、その学級で病気以外の欠席者が出ることはありませんでした。最後の一人にまでこだわり学級を良くしようと動き続けた生徒がいたからこそ学級が成長したのです。

学級合唱は、一人一人の成長が源です。一人一人が自分を磨き、鍛え、成長するから、合唱もまた成長していきます。

体育祭とは違った感動を味わうことができ、学級が大きく成長するきっかけともなります。だからこそ、皆さんには本気で取り組んでほしいのです。

2 補足　教師の本気の語りが響くような学級に

このような語りを行った時、学級の状態によって生徒の反応は変わる。

秋口には教師の本気の語りが響くような学級に、四月から育てていきたい。

《参考文献》長谷川博之　研究物

★長谷川のコーヒーブレイク

補足にある「育てる」について具体的に述べる。ひとつ、ルールを守らせ、のちに自ら守るように育てる。ひとつ、級友同士の関係性を向上させる。私の場合、直接の対応に加え、日記指導と学級通信発行とで成長を実現させる。

2 ここぞという時に語ろう！場面別　2学期　行事編

37 ピアノ伴奏者のプレッシャーを伝えてあげる

オススメ時期→ 合唱の練習が本格的に始まった時　新徳目→ 相互理解・寛容

1 語り① 伴奏者の不安

伴奏者のAさんは、みんなより早く、夏休みから練習を始めてくれました。「伴奏をする」のはそれほど大変で、常に不安と隣り合わせです。

「自分が失敗したら、合唱が止まってしまうのではないだろうか」「みんなの頑張りを台無しにしてしまうのではないだろうか」「絶対に失敗はできない」というプレッシャーに押しつぶされそうになりながらも、毎日ピアノに向かい続けてくれています。完璧に仕上げるために何十時間も練習します。何百回も弾き込んで、当日を迎えるのです。

Aさんは「全員が全力で歌ってほしいです。みんなが一生懸命に歌ってくれれば、弾いている私も楽しくなります」と言っていました。

伴奏者は、もう準備が整っています。あとは、歌い手のみなさんの頑張り次第です。毎回の練習で、個人での練習で、Aさんの努力に応えることができるかどうかです。Aさんの努力に、皆さんの努力を合わせて、最高の合唱をつくっていきましょう。

2 語り② ある学校でのドラマ「止まった伴奏・止まらない歌」

ある学校でのお話です。

合唱祭本番、恐れていた事態が起こります。伴奏者がミスをして、曲の途中でピアノ伴奏がパタッと止まってしまったのです。

けれども、指揮者は手を振り続け、生徒たちは堂々と歌い続けました。ピアノなしの合唱が一五秒ほど続いた後、伴奏者はタイミングを見計らい、伴奏を再開しました。すると、生徒たちの表情がパッと明るくなり、いっそう伸び伸びとした歌声が響き渡りました。

> なぜ、演奏が止まっても、彼らは歌い続けることができたのでしょうか。

一つは、一人一人が努力を重ねていたからです。ピアノがなくても歌えるだけの練習を積み重ねてきた結果です。もう一つは、伴奏者の努力を知っていたからです。最後まで精一杯歌うこと、それこそが伴奏者の真剣な努力に応える唯一の方法であることを、歌い手の誰もが理解していたのです。

合唱終了後、伴奏者の目には涙があふれていました。失敗してしまったこと、仲間の温かさへの感謝、様々入り混じっていた涙だと思います。会場からは大きな拍手が沸き起こりました。

このように学級の絆を深めることができたら、合唱祭は大成功と言えます。私たちも仲間と協力しながら、全力で取り組んでいきましょう。

3 補足 同じ目標に向かって努力する経験を積ませる

この語りをしたところ、伴奏者に対して「ありがとう」と感謝の気持ちを言葉にして伝える生徒が増えた。また、歌い手の自主練習も活性化した。結果、生徒は同じ目標に向かって努力する経験を積むことができた。

伴奏者のように陰ながら頑張っている生徒の努力や不安を周りに伝えられるのは、教師だけである。そのような生徒にスポットライトを当て、周囲に努力の輪を広げるのが担任の仕事である。

《参考文献》
『クラス皆が一体化！中学担任がつくる合唱指導』長谷川博之編著（明治図書）
長谷川博之 研究物

★長谷川のコーヒーブレイク

学校コンクールにおいて最も緊張するのは伴奏者である。孤独な戦いとなる。そんな伴奏者のために歌い手にできるのはひとつ。精一杯歌うことである。

2 ここぞという時に語ろう！場面別　2学期　行事編

38 リーダーに伝えたい！熱意ある行動が人の心を動かす

オススメ時期→　リーダーとしてどうあるべきかを教えたい時　新徳目→　思いやり・感謝

1 語り

松村厚久さん。レストラン業界で松村さんのことを知らない社長はいません。松村さんは、一つ一つが全く違う一〇〇店舗を作ったことで有名です。同じ店を一〇〇店舗ならともかく、一店舗ずつ違う店を一〇〇店作るなんて普通はしません。

> なぜ、そんなことをしたのでしょうか。

様々な人に喜んでもらいたい。だから、たくさんの種類のお店を作ったのです。

> 松村さんの会社の社員は、普段から、他の会社ではやらないことをやっています。どんなことでしょうか。

それは、筋力トレーニングです。松村社長は、「パーキンソン病」という、徐々に体が動かなくなっていく病気にかかっていました。昨日できることが、今日できなくなる。今日は歩けるけど、明日はわからない。一ヶ月前にできたことの半分は翌月できなくなっていく。そんな社長を助けられるように、筋力トレーニングをしていたのでした。

社長は、いつ体が動かなくなるかわからない状態です。普通は、そんな社長の下で働きたいとは思いません。しかし、松村さんには、それでもついてきてくれる社員がいます。「社長が倒れたら俺が代わりにやる」「サポートする」という社員がたくさんいるのです。

> では、社長のどんな姿を見て、社員はそう思ったのでしょうか。

「レストランを通じてたくさんの人を喜ばせたい」という思いを実現するために、弱音を一切吐かず、命がけで仕事に打ち込む姿に、多くの社員が「この社長についていきたい」と思うようになったのです。

あなたたちは合唱祭で、各パートのリーダーを任されましたね。素晴らしいリーダーとは、松村さんのような人を言います。不安があっても弱音を吐かず、誰よりも一生懸命に取り組む。だから、周りも安心してついてくるのです。

リーダーになった以上は、誰よりも考え、誰よりも行動しましょう。間違ったら先生が直してあげます。間違いを恐れずに全力で取り組みましょう。きっと、周りもついてきてくれます。合唱祭まで頑張り抜きましょう。

2 補足 「リーダーはどうあるべきか」を語る

合唱祭では、パートごとに練習をさせることが多々ある。パートリーダーを立てることが多いが、生徒のほとんどは「リーダーは何をしたらいいのか」を教わっていない。中には、周囲を注意叱責することに熱心になるあまり、生徒同士の関係が崩れてしまうこともあり得る。

「リーダーはどうあるべきか」について、本エピソードのような「理想的なリーダー」の姿を通して伝えるのも一つの手である。何より、教師自身がリーダーとして手本となることが大切である。

《参考文献》
『熱狂宣言』小松成美著（幻冬舎）

★長谷川のコーヒーブレイク

教師自身が優れたリーダーであれば、フォロワーたる生徒は安心してついてくる。優れたリーダーとは常に、言行一致である。教師がモデルになるのが、教育の第一だ。

2 ここぞという時に語ろう！場面別　2学期　行事編

39 実録！最優秀賞を受賞した時・賞を逃がした時

オススメ時期→ 合唱祭の後の学活　新徳目→ 集団生活の充実

1 語り① 最優秀賞を受賞した時

ある学校では、行事が終わった一ヶ月後に、その行事が成功だったかどうかを反省し合うそうです。つまり、一ヶ月後に学級や学年がどのように変化しているかが大事ということです。

皆さんの必死の努力の結果、今回は最優秀賞をとることができました。努力が結果となって表れたことは、私もとても嬉しいです。

しかし、これから皆さんは他の学級から「最優秀賞をとった学級」として見られます。一ヶ月後、時間も守れない、授業に集中できない、服装も態度も悪い、そんな状態になってしまったら、「最優秀賞をとったのに、あの学級は何なんだ」と言われてしまいます。

私たちは合唱祭への取り組みを通して、学級集団を高めるために練習してきたのです。一ヶ月後、「あの学級は最優秀賞にふさわしくなかった」そんなふうに言われるようになってしまっては意味がありません。

あなたたち一人一人が学級の一員という自覚を持ち、これからも生活全般の質を高めていってほしいと思います。

2 語り② 最優秀賞を逃した時

「人生だな、これが」

合唱祭の結果発表があった時、私はそんな気持ちを抱きました。

人一倍努力した。真剣な努力を重ねた。でも、目標に手が届かなかった。果たしたいことを果たせなかった。努力がそのままの形では報われなかった。そんな経験をすることが、人生では少なからずあるのです。

君たちは、人生を、経験したのです。

目標は達成できませんでした。しかし、あなたたちの努力は、まったく無駄ではありません。練習を通して、時間の大切さ、一つのものを創り上げることの難しさや楽しさを知ることができたはずです。

これからの生活にそのことを活かしましょう。合唱祭後も時間を守り、互いに協力し続け、「あの学級こそ最優秀賞にふさわしい学級だった」そんなふうに評される学級をつくっていきましょう。

私は、この学級でみなさんと合唱ができて本当に幸せです。

3 補足　学びを日常生活に活かせているか

順位がつくからには、最優勝賞をとる学級、逃す学級のどちらかになる。そのどちらにしても納得させて終わりにしたい。

そのためのポイントは、二つある。

> ① これまでの努力は無駄ではなかったことを自覚させる。
> ② 合唱祭で培った力を今後に活かし、更に向上することを決意させる。

賞がとれてもとれなくても、これらのことを語る必要がある。だが、練習も本番もしっかりできていなかった学級にこのようなことを語っても意味がない。

本書にも書かれているが、合唱祭の目標と目的の違いを語り、それについての話し合いをしたり、練習に全力で取り組める態度を育てたりすることが必要になってくる。

また、合唱祭後には、学びを日常生活に活かせているのかを教師が折に触れて評価することも大切になる。言動が向上的に変容した生徒を認め、ほめることが重要だ。ほめることで強化し、広げるのである。

★長谷川のコーヒーブレイク

行事の評価は、その後の生活の質が向上したか否か、この一点で為される。私はずっとそうしてきた。他学級にも他学年にもそのように教えてきた。

2 ここぞという時に語ろう！場面別　2学期　行事編

40 食への感謝の想い「いただきます」「ごちそうさま」

オススメ時期→ 各学校で設定している給食月間などの時期　新徳目→ 生命の尊さ

1 語り① 「いただきます」「ごちそうさま」

ふだん、食事の挨拶に使っている「いただきます」と「ごちそうさま」。

それぞれの意味を知っていますか。

「いただきます」。これは、動物や植物の「命をいただく」という意味です。人は、多くの動植物の生命を「いただく」ことでしか、自分たちの命をつないでいくことができません。多くの動植物を犠牲にして生きている事実を踏まえ、彼らを生み出す大自然への感謝の気持ちを込めて、「いただきます」と述べるのです。

「ごちそうさま」。漢字では、「ご馳走様」と書きます。「馳」「走」は、ともに、「はしる」という意味です。

昔は、人が来る時には、おもてなしとして様々な所を走り回って、獲物をとってきたそうです。そのような命がけの行動に、「有難う」と感謝の気持ちを心から表したものが、「ごちそうさま」なのです。

多くの命をいただくことへの感謝。一生懸命作ってくれた人への感謝。「いただきます」と「ごちそうさま」には、日本人が持っている食への感謝の気持ちが込められているのです。

2 語り② 世界の現実、飢餓で苦しむ人たち

皆さんにとって、毎日ご飯が食べられることは当たり前のことでしょう。しかし、それは日本という国が恵まれているからこそできることです。

世界では何人くらいの人が、毎晩おなかをすかせたまま眠りについていると思いますか（生徒指名）。

二〇一四年の調査では、八億五〇〇〇万人です。日本の人口の約七倍。全世界に目を向けると、九人に一人がそのような状況なのです。このクラスで言えば、四人の人が、毎晩お腹をすかせて眠るということです。

世界には、食べ物の量は十分にあると言われています。それなのになぜ、このようなことが起こるのでしょうか。

食べ物は、世界中の国々に平等に行き渡っているわけではないのです。食べ物が十分に手に入る国と、手に入らない国があるのです。

その一番の原因は、貧しさです。貧しさに苦しむ人が多い国では、飢餓に苦しむ人も増えてしまうのです。

それ以外にも原因があります。異常気象や自然破壊などによって引き起こされる深刻な水不足、今でも続く紛争、増えすぎてしまった人口。様々な事情により、十分な食事にありつけない人が八億人もいるのです。

そういった厳しい条件がほとんど当てはまらない、自然豊かな日本は本当に恵まれているのです。「この世界には、食べたくても食べられない人がたくさんいる」そのようなことをぜひ、意識してほしいのです。

食べ物の大切さを知り、自分たちも自然の恵みに生かされているということを考えながら、日々の食事ができればよいですね。

3 補足 やり取りを通して進める

生徒とのやり取りを通して進めることで、思考が深まる。

世界の飢餓で苦しむ人数を問う場面で、あまりの多さに実感が持てない生徒がいると思う。そのため、「このクラスで言うと何名」のように身近な数値に近づける工夫も必要になってくる。

《参考文献》
『給食ニュース NO.1653』少年写真新聞

★長谷川のコーヒーブレイク

説教と語りは違う。具体的かつ知的なエピソードを取り上げ、生徒の思考を促すのが語りである。飢餓の現実に立ち向かう日本人の取組なども、発展的に語ると良い。

41　歯科医師からのお話「歯磨きの大切さ」

オススメ時期→　歯科検診の前後　　新徳目→　節度・節制

1　語り①　肺炎予防に歯磨きを

高齢になってからの死亡原因の第一位はがん、第二位は心臓の病気、第三位は肺炎です。この肺炎は、小さな心がけによって、かかる確率を減らすことができるそうです。

何をすれば、肺炎になる確率を減らすことができるのでしょうか。

肺炎は、細菌が肺に入ってしまうことが主な原因だと言われています。その細菌は、ほとんどが自分の口の中のものです。口の中の細菌は、歯垢（プラーク）として、歯や歯と歯肉の間などに存在します。ただし、食べ物や唾液に混じっても、食道を通って胃に入れば全く問題ありません。

でも時々、その細菌が肺に入ってしまうことがあります。一番多いのは、夜寝ている時です。唾液に混じった細菌が気管へ入ってしまい、肺炎の原因になってしまうのです。

だから、夜の歯磨きは歯をきれいにするだけでなく、大きな病気を予防する効果もあるのです。普段の歯磨きをしっかりと行ってくださいね。

2　語り②　とっても怖い！細菌の影響

肺炎以外に、歯垢の中の細菌は体のどの部分に影響するでしょうか。

まずは虫歯です。歯を壊してしまう痛みもつらいですが、それだけではありません。そのままにすると歯を通ってあごの骨の中まで細菌が侵入し、あごの骨が腐っていってしまうのです。

次に歯肉炎です。歯の周囲の歯肉が赤く腫れ、時には出血し、年月とともに歯周病に進行し、歯を支える顎の骨を溶かしてしまいます。

さらに、歯の細菌が血管に侵入すると、血流に乗って全身に運ばれます。すると、糖尿病や動脈硬化を引き起こします。また、心臓や脳の病気につながることもあります。口の中の細菌は、命を脅かす病気の原因になることもあるのです（数名に感想を発表させる）。

口の中の細菌は時間とともに増え、歯垢となり、バイオフィルムという強力なバリアを作ってしまいます。そうなると、うがい薬を使っても、簡単にはとれません。

歯垢を除去するには歯磨きしかありません。丁寧に時間をかけ、細菌の塊である歯垢を歯ブラシで取ることは、歯と歯肉の健康づくりや口臭予防にはもちろんのこと、病気の予防にもなっているのです。

ちなみに、歯磨き粉や洗口剤は補助的なもので、使わなくても大丈夫です。大切なのは、すみずみまで磨き残しがないようきちんと磨くことです。

今回の歯科検診で、問題を指摘された人はもちろん、そうでない人も、もう一度歯磨きの大切さを理解し、実行してください。

3　補足　プロの話として伝える

歯科医である髙井徹氏に執筆いただいた。「日常の歯磨きをおろそかにすると、命が脅かされる」という事実は、生徒にとっても衝撃的な話であろう。このような話を歯科検診の前後にすることによって、生徒の意識も変わるはずである。日頃の歯磨き指導に加えて、ぜひ生徒に伝えたい。

★長谷川のコーヒーブレイク

最先端の科学的知識を有するプロフェッショナルに教えを請う。このような具体的な話ならば、中高生でも十分耳を傾けるはずである。

42　ちょっと聞きたい豆知識　正しい食生活に関するエピソード

オススメ時期↓　給食で、生徒の食生活が話題になった時
新徳目↓　節度・節制

1 語り① 飲料水中の砂糖

現代医学では、砂糖の摂取を一日当たり二五gほどに抑えたほうがよいと言われています。では、ペットボトルのジュース一本にはどれくらい入っているでしょうか（予想させ、発表させる）。

炭酸のもので五五gも入っているものがあります。泡の刺激がある分、甘みを感じにくいため、たくさんの砂糖が入っているのです。

スポーツ飲料のペットボトル一本にはどれくらい入っているでしょうか。

三五gです。運動中のエネルギー補給を目的とした飲み物なので、砂糖がたくさん入っているのです。マラソン選手ですら、スポーツ飲料を飲む時には水で薄めて飲むそうです。

砂糖を取りすぎると、どんな悪影響が生じるのでしょうか。

疲れを取ると言われている砂糖ですが、取りすぎると逆に疲労の原因になったり、イライラしたり、病気になりやすくなったり……様々な悪影響が明らかになっています。一年を通して、気をつけたいですね。

2 語り② 醤油風調味料

醤油が家にあるという人（挙手をさせる）。ほとんどの家にありますね。この醤油に似ている「醤油風調味料」というものがあります。聞いたことがある人。

見た目は醤油とそっくりなのですが、作り方や成分が違います。本物の醤油は、大豆と塩と小麦だけを使っています。これを半年近く熟成させてようやくできるのが、本物の醤油です。

一方、「醤油風調味料」には味を調整する「化学調味料」が使われています。ラベルの成分表示を見てみれば、たくさんの

化学調味料や食品添加物が含まれていることがわかります。

化学調味料や食品添加物には、例えばどんな悪影響があるでしょうか。物質によって違いますが、発がん性が指摘されているものもあります。

醤油以外にも様々なものに化学調味料や食品添加物が使われています。自分が食べるものに何が含まれているのか、ぜひ調べてみましょう。

3 語り③ 体を温める食べ物 冷やす食べ物

食べ物には体を温めるものと冷やすものがあります。夏には体を冷やすもの、冬には体を温めるものを食べると体によさそうですね。

体を温める食べ物。野菜ならば、ショウガやネギが有名ですが、ニンジンやカボチャも体を温めます。特徴は冬が旬で、地面の下にできる野菜です。主に寒い季節や寒い地方で取れる野菜が体を温めるのだそうです。

逆に、体を冷やす野菜は暑い季節や暑い地方で取れるものです。夏が旬で、地面の上にできるレタスやキュウリ、トマト……様々あります。

夏の暑い時には夏野菜、冬の寒い時には冬野菜を食べるようにすると、ちょうどいいのです。季節の旬を意識して食べることは、体にもいいのですね。

4 補足 まずは情報を知らせる

主張が正反対の研究もあるが、情報の存在を知らせることだ。判断は生徒に任せればよい。語り手自身が様々な情報を知っておく。そうすれば動じなくて済む。

文中の砂糖の量は、角砂糖（一個三g）で表すとわかりやすい。

★長谷川のコーヒーブレイク

補足にある通り、判断は生徒に任せる。ただし、多くの生徒が知るべきことを知らずに食している現実がある。特に、書籍、論文検索など情報への辿り着き方を教えておきたい。

2 ここぞという時に語ろう！場面別　2学期　行事編

43 読書は三〇〇〇万円の価値？読書の素晴らしさを伝える

オススメ時期↓ 読書の秋で、生徒に本をすすめるとき　新徳目↓ 向上心

1 語り① 年収三〇〇〇万円の人の読書習慣

こんなことを調べた人がいました。「三十代で年収三〇〇〇万円の人とそうではない人との間で、何か大きく異なる習慣はあるのだろうか？」

約三〇〇人の調査をした結果、年収三〇〇〇万円以下の人たちと比べて大きな差があったのは「読書」の習慣でした。一般的な三十代の人は、一年間で平均約三冊。一ヶ月にすると〇・二六冊。一方、年収三〇〇〇万円の人は一ヶ月で約一〇冊も本を読んでいました。読書から得たものが人生を豊かにしているという分析があります。

今は、体育祭や新人戦も終わり、ちょっとひと息つける時期です。図書室に行けばいくらでも本を借りて読むことができます。興味のある本から、まず手に取って読んでみましょう。

2 語り② 有名人の読書週間

マイクロソフト社のビル・ゲイツさん（パソコン「Windows」というソフトを開発した）は、ベッドに入る前に、毎晩一時間ほど読書することを習慣にしています。また、サッカーの日本代表・長谷部誠選手は読書家として有名で、『心を整える。』という本も出しています。他にも本田圭佑選手、長友佑都選手、野球ではアメリカ「ヤンキース」で活躍した松井秀喜選手も読書家です。自己啓発、ビジネス、トレーニング、小説、あらゆるジャンルの本を読むそうです。一流といわれ成功しているアスリートの多くが、読書を習慣にしています。

なぜ読書が良いのでしょうか。

弱小チームを率いて甲子園優勝に導いた遠藤友彦さんは、読書の良さについて次のように述べています。

「感覚や反応に頼っていては限界がある。頭の整理をしつつ、考えながらやることで、今まで以上の成果が望めます。読書は、『考える力』を伸ばします」

読書の習慣を身につけることが、自分の人生を変えるきっかけになります。たくさんの本を手に取ってみましょう。

3 補足 読書をすることで自分の世界が広がる

「日本の学生は、世界と比較して本を読まなすぎる。東大生でも年間読書量が学校のテキストを含めても五〇冊、対してアメリカのイェール大生は年間千冊」と経済評論家の中原圭介氏が述べている。

学生が本を読まなくなっているのは、国家的な損失であるかもしれない。読書をすることで自分の世界が広がることを紹介したい。

《参考文献》

『遠藤友彦の人間力！』http://www.hb-nippon.com/column/969-entomo

『30代で年収3000万円を実現した300人に聞いた！稼げる人 稼げない人』竹内正浩著（東洋経済新報社）

『中国の経済がさらに落ち込んだら何をしたらいいか』中原圭介（PRESIDENT2016.1.18日号より）

★長谷川のコーヒーブレイク

ここに挙げられたエピソード以上に読書の魅力を伝える具体例はそれこそたくさんある。何より、教師自身が読書を好み、読んだ本を手に素晴らしさの紹介ができるとよい。ここでも率先垂範である。

2 ここぞという時に語ろう！場面別　2学期　行事編

44　中学生へのおすすめ本（男の子向け）

オススメ時期↓　冬休み明け、係や当番の仕事が疎かになっている時

新徳目↓　社会参画・公共の精神

1　語り

二〇一一年三月一一日午後二時四六分、東日本を大地震が襲いました。

この震災では、一万八千人を超える方々が犠牲となり、四十万人を超える方々が避難を余儀なくされるという、大きな被害がもたらされました。

そんな中、津波で流されてしまった人やがれきの下敷きになってしまった人を救助したり、避難所へ救援物資を届けたり、炊き出しをして食事を提供したりと、様々な場面で被災した人々を支えたのが、自衛隊の皆さんでした。被災地での支援活動に動員された隊員数は十万人を超え、被災した人々の生活を強力にサポートしました。

とても頼りになる自衛隊なのですが、福島第一原子力発電所で起きた事故への対処について、陸上自衛隊の中で、ちょっとしたもめごとが起きていたというのです。一体どんなもめごとだったのでしょうか。

原発の冷却作業を行うため、陸海空自衛隊の中の消防隊が集められました。本来は、消防車一台に三人が乗り込むことになっていますが、放射線の被ばく者を最小限に抑えるために、二人で乗り込むことになったのです。

消防車に乗り込む二名を決める際に、「俺が行く」と班長が言いました。それに対し、若手の隊員が異議を唱えたのです。「独身者の自分たちが行きます。班長に何かあったら奥さんに合わせる顔がありません！」そう言って譲りませんでした。

班長は、「独身者は将来があるんだから行くな」と言いました。

それに対して若手隊員は、「家族持ちこそ、守るべき人がいるんだから行っちゃいけない」と反論しました。そんなやり取りが繰り返されたというのです。

海上自衛隊では、「年寄りが行こう。若い連中には未来がある」と、四十歳すぎの隊員が集合したといいます。

自衛隊員にとっても、原発は、できることなら近づきたくない場所です。それなのに、自衛隊員の皆さんは自らその現場に赴きました。彼らは、なぜそのような行動が取れたのでしょうか。

それを知るヒントが、この本の中にあります。タイトルは、『日本に自衛隊がいてよかった』です。この中には女性自衛隊員の活動の様子も書かれていますが、多くは男性隊員の活動についての文章です。「さすが日本男児」ともいえるその立派な姿が詳細に書かれています。男子の皆さんにぜひ読んでほしい一冊です。

2 補足「強さ」と「優しさ」を兼ね備えた男子に

あの東日本大震災から幾年もの月日が経ったが、震災後の自衛隊の活躍は決して色あせることはない。

『日本に自衛隊がいてよかった』の中に出てくる、大切なものを守るために活動する自衛隊員の姿に、胸が熱くなる。まさに、「利他」の行動である。

そのような、自衛隊員の行動によって助けられ、支えられた被災地の子どもたちの中には、「将来、自衛官になりたい」という希望を持った子どもたちが数多くいると聞いた。いざという時に自分の大切な人、大切なもの、愛する故郷を守れる「強さ」や「たくましさ」を身につけたいと感じたのではないか。

目の前の生徒にも、そんな「強さ」と「優しさ」を兼ね備えた男子になってほしいと願っている。

《参考文献》
『日本に自衛隊がいてよかった』桜林美佐著（産経新聞出版）

★長谷川のコーヒーブレイク

主義主張を超えて、事実で語るのが教師の仕事である。

2 ここぞという時に語ろう！場面別　2学期　行事編

45 中学生へのおすすめの本（女の子向け）

オススメ時期→ 読書の秋、おすすめの本を紹介したい時

新徳目→ 真理の探究

1 語り

中学校で一番の楽しみは友達と話すことだ、という人が多いですよね。でも時には「本当の友達って何？」「親友って何？」と考えることがありませんか。そんな時、読書を通してヒントを得られるかもしれません。

私がおすすめするのは、重松清の著作です。例えば、『きみの友だち』『ワニとハブとひょうたん池で』です。『ワニと～』は、自分ではクラスでうまく立ち回っていたと思っていた主人公が、いじめの標的にされて苦しむ話です。『きみの友だち』は、事故で足が不自由になった恵美さんが主人公です。事故のせいで足だけでなく、友達も失ってしまいます。友達って何なのかと考え悩みながら日々を過ごす中で、真の友達と巡り合います。恵美さんを取り囲むいろいろなタイプの友達や恵美さんの弟ブンちゃん、そのブンちゃんに嫌がらせをしていた先輩など、自分の周りにいる似たようなタイプの人を登場人物に重ねてみると面白く読み進められます。「一緒にいるだけが友達じゃない」という言葉が胸にずしんときた。この本を読んだ先輩が言っていました。

さて、中学校の楽しみといえば部活動だという人もいますね。おすすめするのは、様々なスポーツ青春物語です。「DIVE!!」は『カラフル』などで有名な森絵都さんの作品です。飛び込み競技でオリンピック出場を目指す、隠れた才能を努力で開いた知季、親譲りの才能で早くから注目された要一、ダイナミックで型に縛られない飛沫。男の子が主人公だけれど、部活動を通した人間的成長を、感情移入しながら楽しめます。もしかしたらつらい時の励みになるかもしれません。

最後におすすめするのは、女性として気高く生きた人の伝記です。漫画の偉人シリーズならあっという間に読めます。デザイナーのココ・シャネル、世界で初飛行した女性アメリア・イアハート、世界で最初の女性医師エリザベス・ブラックウェル、修道女マザー・テレサなどの生き方から学ぶことが多いです。マルガレーテ・シュタイフは障害者でありながら、会社を作り、

子どもたちのためにテディベアを作り続けました。他にも様々なおすすめの本があります。読書の秋にぜひいろいろな本を読んでみましょう。

2 補足 教師があらすじを知ることから

友達関係のおすすめ二つ目は喜多川泰シリーズ。『心晴日和』『手紙屋』。三つ目は瀬尾まいこシリーズ。『図書館の神様』『温室デイズ』。四つ目は笹生（さそう）陽子シリーズ。『ぼくらのサイテーの夏』『楽園のつくりかた』。同じ作家の作品をすべて読むのも読書の一方策といえる。

部活動関係ではあさのあつこの『バッテリー』（野球）。佐藤多佳子の『一瞬の風になれ』（陸上）。草野たきの『ハチミツドロップス』（ソフトボール）。中沢けいの『楽隊のうさぎ』（吹奏楽部）。朝井リョウ『桐島、部活やめるってよ』『チア男子!!』。誉田哲也の『武士道シックスティーン』（剣道部）など。夏休みの読書感想文用に、夏の文庫本の紹介冊子が届く。本を全部読まなくても、その紹介文やあらすじを読んで学級文庫や図書室にある本をすすめてもよいだろう。

《参考文献》
『中高時代に読む本50』清水克衛（PHP研究所）
『中学生のための人気作品で学ぶやさしい文章読解』（学研教育出版）
『学習漫画 世界の伝記NEXT』（集英社）

★長谷川のコーヒーブレイク

私は学級文庫として二〇〇～三〇〇冊の本を置いていた。他学級の生徒でも、いつでも何冊でも借りてよいことにしていた。このような環境づくりもまた大事である。

46 大晦日 正月 お年玉

オススメ時期→ 年末年始に関係する言葉の語源などを教えたい時

新徳目→ 我が国の伝統と文化の尊重

1 語り

「一月一日」、何の日ですか。

「元旦」「元日」などと考える人が多いでしょう。

「元旦」と「元日」。違いは何ですか。

元旦の「旦」という字は「地平線からのぼる太陽」を表しています。つまり、元旦は「一月一日の朝」を指します。それに対して、元日は「一月一日の全日」を指す言葉です。

一月一日の前日、一二月三一日は「大晦日」とよばれます。「晦日」とは各月の末日を指す言葉です。一二月三一日は終わりの月の末日なので、「大」がつき、大晦日とよばれるのです。

その大晦日についてです。日本には古くから、「大晦日までに家の大掃除をする」「大晦日は年を越すまで起きている」という風習があります。

なぜ、このような風習があるのでしょうか。

新年にはその年の「年神様」がやってくると考えられていたからです。家をきれいにして、起きて年神様を迎え入れるのです。

そもそも一連のお正月の行事とは年神様を「迎えて、もてなし、見送るため」の行事なのです。年神様は、新しい年の幸福や恵みと共に、私たちに魂を分けてくださると考えられてきました。

その年神様が宿る場所として供えられるものがあります。何でしょうか。

「鏡餅」です。鏡餅には年神様の「御魂」（みたま）が宿ると考えられています。鏡餅は正月の終わりに皆で分けて食べます。この分けられた餅のことを「御年魂」（おとしだま）「御年玉」と呼びました。

それが、時を経て、年長者が年下の者へ餅の代わりにお金を渡す形に変わっていきました。それが、今皆さんがもらっている「お年玉」なのです。

その他にも「お節料理」「除夜の鐘」「しめ飾り」など、お正月にまつわるものにはそれぞれに意味があります。どんな意味や由来があるのか、自分で調べたり、おじいさん、おばあさんに聞いてみたりしてみましょう。意味を知ることでお正月の過ごし方もまた違ってくるでしょう。

最後に「一年の計は元旦にあり」という言葉を紹介します。どのような意味だと思いますか。

「計」とは計画のことです。一年のはじまりの日の朝、つまり元旦に立てた計画がその一年を左右するという意味です。

何事も最初が肝心である、という教えでもあります。お正月の過ごし方でその一年のあり方もまた変わってくることでしょう。

2 補足　年中行事に臨む意識が変わる

状況に応じて、「お節料理」「除夜の鐘」「初詣」「年賀状」などの由来も教えたい。その意味を理解すれば年中行事に臨む意識も変わる。

★長谷川のコーヒーブレイク

我が国の伝統文化を継承し得ない家庭が増えている今、私たち教師がこのような言葉の由来も話してやるとよい。

2 ここぞという時に語ろう！場面別　2学期　行事編

47　知って納得！お節料理の意味

オススメ時期↓　冬休み前、大掃除やお節料理について一緒に考える時
新徳目↓　我が国の伝統と文化の尊重

1　語り①

お正月といえば、お節料理です。

お節料理の代表に、三つ肴（みつざかな）があります。関東地方では、黒豆、数の子、田作りを、関西地方では、黒豆、数の子、たたきごぼうのことをいいます。

黒豆には、まめ（まじめ）に働き、まめ（丈夫で元気に）に暮らせるようにという願いが込められています。数の子は、たくさんの卵があることから、子孫繁栄の願いが込められています。田作りは、イワシが材料です。

なぜ、イワシが田作りなのでしょうか。

その昔、田植えの肥料として乾燥したイワシを使っていました。イワシの肥料を使った田んぼが豊作だったことから「田作り」「五万米」（ごまめ）と呼ばれるようになったのです。

たたきごぼうには、ごぼうが地中深く根を張ることから「家の安泰」、加えて、たたいて身を開くことから「運が開けますように」という願いも込められています。

お節料理は縁起物の料理で、一つ一つに意味があります。代々受け継がれるお節料理に込められた願いをお家でも話題にしてみてください。

2　語り②

お節料理は、つくりおきができる保存食です。お正月の火は聖なるものなので、できるだけ使わないという風習に基づいています。

唯一火を使うのは、雑煮を煮る時です。お雑煮は地域によって様々違い、関東では主に角餅を焼いてから汁に入れます。鶏肉と青菜も入っていて、青菜を持ち上げて食べることで、「名（菜）を上げる」と縁起をかつぎます。

関西では、丸餅をゆでてから汁に入れます。白みそ仕立ての汁に大根、人参、八頭（やつがしら）、水菜、花かつおも入っています。円満を意味して具材をどれも丸く切ります。

香川県は、あん餅雑煮です。あんの入った丸餅を汁に入れます。白みそ仕立ての汁の中に、具材として大根、人参が入っています。

なぜ、餅にあんが入っているのでしょうか。

その昔、砂糖は貴重な食べ物でした。作ったものは幕府や大名に差し出してしまうので、農民たちの口には入りません。せめてお正月のハレの日くらい食べたいと考えた結果、雑煮の中にこっそり入れたといわれています。まさか、雑煮の餅の中にあんが入っているとは思いませんよね。

雑煮は、室町時代くらいから現在まで、地域の食文化として代々味が受け継がれ、今の形に落ち着いています。皆さんの家ではどんな雑煮をつくっていますか。昔からの伝統の味を意識しながら食べてみましょう。

3 補足 それぞれ家庭で話題にできるように

お節料理を食べたり家庭でつくったりした経験があるか聞きながら行う。古来からの風習やお節料理に興味を持ち、生徒がそれぞれ家庭で話題にできるようにしたい。

《参考文献》『日本の「行事」と「食」のしきたり』新谷尚紀著（青春出版）

★長谷川のコーヒーブレイク

自宅でつくらない家庭が増えたから教えない、というのは誤りである。家庭で受け継がれないならばなおさら学校が教えるべきである。知っていてつくらないのは自由意思である。知らないのは恥である。

2 ここぞという時に語ろう！場面別　2学期　行事編

48 意外と知らない「クリスマス」

オススメ時期↓ 二学期末にクリスマスが話題になった時　新徳目↓ 国際理解

1 語り① 異文化入り混じるクリスマス

皆さん、もうすぐクリスマスですね。クリスマスと言えばもみの木のクリスマスツリー、チキンやケーキ、靴下を枕元に置けば翌朝にサンタクロースからのプレゼントが……こんなイメージがあると思います。

さて、外国ではプレゼントをもらえるのは良い子だけなのだそうです。

では、悪い子はどうなるのでしょうか。

イタリアではプレゼントの代わりに炭を渡されるのだそうです。ドイツでは、黒いサンタクロースが現れて袋で頭を叩かれるのだそうです。

プレゼントをあげたり、時にはお仕置きをしたりするサンタとは、元々はどんな人物だったのでしょうか。

四世紀、セント・ニコラウスというキリスト教の司祭が、貧しい家の煙突にコインを入れ、それが干してあった靴下に偶然入ったという逸話が、今のサンタクロースのモデルなのだそうです。

昔は、服の色や姿について決まったイメージがありませんでした。イギリスでは緑色の服を着た大男、フィンランドでは羊のコスチュームを着た老人、イタリアでは箒で空を飛ぶ黒服の魔女がサンタクロースでした。

今の赤い服のイメージはどの国から広まったのでしょうか。

アメリカです。赤い服のサンタクロース自体は昔からありましたが、コカ・コーラ社が大々的に宣伝に使ってから定着したのだそうです。

人物のモデルはトルコ、衣装はアメリカ、背後を飾るツリーはドイツ……と、様々な国の文化が混ざっているのが今のサンタクロースです。

2 語り② 日本独自のクリスマス文化

クリスマス、英語で書いてごらんなさい。


「X'mas」という表記もありますね。この表記は、英語とギリシャ語が混ざった表記で、日本でしか使っていないのだそうです。

他にも日本だけのクリスマス文化があります。何だと思いますか。

白いデコレーションケーキを食べるのは、日本のお菓子屋さん「不二家」が広めました。フランスでは「ブッシュ・ド・ノエル」というロールケーキ、イギリスではパンケーキです。

フライドチキンを食べるのも「ケンタッキー」が日本に広めました。外国では七面鳥を食べます。

外国の文化が混ざり合い、それぞれの国の文化に合わせて変化する。そういった柔軟性や親しみやすさが、今でも世界中でクリスマスが祝われ、サンタクロースが愛される秘密なのかもしれませんね。

3 補足 国際理解の視点で語る

世界中に広まっているクリスマスだが、国ごとに特徴がある。国際理解の視点で語ると知的な道徳話になる。

★長谷川のコーヒーブレイク

日本の常識は世界の常識ではない。逆もまた然り。広い視野に立って物事を考える人間を育てるために、例えばこんな切り口で語ってみる。

3 ここぞという時に語ろう！場面別　3学期　別れ編

49 自分で自分をほめてあげたくなるくらい頑張ろう

オススメ時期↓ 三学期、生徒が受験に不安と焦りを感じている時　新徳目↓ 克己と深い意志

1 語り

有森裕子さん。一九九二年のバルセロナオリンピックで銀メダルを獲得したマラソンランナーです。表彰式で大歓声に包まれました。帰国後もサインとフラッシュの嵐です。

その後、有森さんにとって、人生で一番辛い四年間が待っていました。夢を実現させた後、何をしていいのかわからなくなってしまったのです。

「次はアトランタオリンピックですね」と声をかけられても、走りたい気持ちが湧いてきません。練習にも身が入らず、イライラして、チームメイトと気持ちがすれちがい、監督ともけんかになりました。

選手登録からも外されるようになり、世間の話題からも消えていきました。メダル獲得後たくさんの注目を浴びた分、深い孤独や苦しみを感じるようになっていました。それでも練習だけは続けていました。

そんな時、足を故障し、走れなくなってしまいます。鍼治療か、手術か。鍼治療ならば練習を続けられます。しかし、治るまで時間がかかります。手術なら完治する可能性が高まりますが、練習を長く休まなければなりません。

有森さんは「もやもやしている気持ちをふっきりたい」と、手術する覚悟を決めます。

手術は無事成功。痛みが和らぐと、早速リハビリを開始します。松葉杖での歩行訓練などに毎日取り組み、一ヶ月後にはジョギングができるようになりました。

ランニングシューズを手にすると、胸が震えます。「足は痛まないだろうか」と不安を抱え、一歩踏み出すと……走れました。オリンピックの時のように、走るうれしさがこみ上げてきました。

調子を取り戻した有森さん、次のアトランタオリンピック出場を目標に決めました。今まで以上に厳しい練習に取り組みま

す。標高が高いところで、一日平均四〇㎞を走るのです。酸素が薄く、少し走っただけで息が上がります。「あの子は練習でも命がけ。普通の人間には真似ができない」と監督でさえ驚くほどでした。

迎えた一九九六年のアトランタオリンピック。レース途中でアクシデント。脱水症状になり、足がしびれてほとんど上がらなくなります。それでもあきらめずに走り切り、見事銅メダルを獲得。

直後のインタビューで次のように言いました。

「初めて自分で自分をほめたいと思います」

悩みや苦しみがあっても、あきらめずにリハビリや練習に取り組み続けた自分自身をほめてやりたい。そう言い切れるくらい真剣な努力を重ねたからこそ、有森さんは銅メダルを獲得できたのでしょう。

皆さんは、まもなく入試を迎えます。焦ったり、不安になったりすることもあるでしょう。しかし、立ち止まったとしてもあきらめることなく、自分で「やり切った」と思えるくらい努力を続けてください。きっと良い結果が待っています。

2 補足　困難を克服し夢を実現した事実を語る

入試が近づき、気持ちの焦りから真剣に取り組めない。そんな時、困難を克服し夢を実現した有森さんの話は子どもたちに勇気を与える。

《参考文献》

『母が語る有森裕子物語』有森広子著（あいゆうぴい）

★長谷川のコーヒーブレイク

多くの生徒にとって高校入試は人生初の壁である。「激励の原則」で乗り越えさせたい。勇気づけの語りをいくつも持っておこう。

3 ここぞという時に語ろう！場面別　3学期　別れ編

50 オリンピックは通過点「荒川静香」

オススメ時期↓　高校入試や卒業など、先を見据えた生活を送ってもらいたい時　新徳目↓　希望と勇気

1 語り

オリンピック。世界中のスポーツ選手が、四年に一度のこの舞台を目指して日々練習に励んでいます。フィギュアスケート選手だった荒川静香選手もその一人でした。

小学校一年生の時、フィギュアスケートを開始。三年生の頃には数種類のジャンプをマスターし、周囲から「天才少女」と呼ばれます。

その後も着実に実績を重ね、高校一年生で日本一となり、一九九八年の長野オリンピックにも出場しました。しかし、大きすぎる期待に負け、不完全燃焼に終わりました。

荒川選手はその後も練習に励みます。二〇〇六年、二四歳の時に行われたトリノオリンピックで、大接戦の末、見事金メダルを獲得しました。

念願だったオリンピックでの金メダル獲得。その後のインタビューで、荒川選手は何と言ったでしょう。（生徒指名）

「オリンピックは通過点」

トリノオリンピックの二年前、荒川選手はアメリカでアイスショーを見ました。アイスショーとはスケートリンクの上で行われる様々なショーのことです。

競技で点数を争うのではなく、エンターテイメントとして見せるショーがあると知った荒川選手は、「こんなに素晴らしい世界があるんだ、私もやってみたい」と考えます。

しかし、アイスショーで滑るためには「何らかの世界タイトルを持っていること」が条件でした。世界的な実績を持ってい

る人しか、アイスショーで滑ることができないのです。

それを知った荒川選手は、アイスショーに出るために猛練習を始めました。結果、二〇〇四年の世界選手権で優勝、トリノオリンピックにも出場し、金メダルを獲得したのでした。

荒川選手はメダル獲得後、すぐに現役を引退します。引退後、記者に次のように言っていました。

> 私はプロスケーターを目標に世界選手権で優勝して、オリンピックで金メダルを取ったのです。
>
> 世界選手権も、オリンピックも彼女が次の目標に進むための通過点だったのです。

皆さんのゴールである卒業や次の進路への第一歩も、実は通過点なのです。ゴールにたどり着いた後、どうしたいのか、そのために今何ができるのか……それこそが本当に大事なのです。その視点を持って残された日々を過ごしましょう。

2 補足 「通過点」という視点を常に持たせる

三学期。中学三年生には高校入試が控えている。多くの生徒がその入試を目指して勉強に励む。しかし、その先を見据えることがいっそう大切である。合格した後に何を目指すのか、どうなっていたいのか。「通過点」という視点を常に持たせていきたい。

《参考文献》
「スポーツ歴史の検証　荒川静香」（笹川スポーツ財団）

★長谷川のコーヒーブレイク

高校入試は人生の出発点にすぎないと私は教えてきた。その後を明確にイメージさせること。それができれば、卒業期の荒れや無気力は生まれ得ない。

3 ここぞという時に語ろう！場面別　3学期　別れ編

51　一流選手の目標の立て方

オススメ時期→　年明け、高校入試を直前に控えている時

新徳目→　克己と強い意志

1　語り①　本田圭佑選手の「将来の夢」

ある小学生の作文です。タイトルは「将来の夢」。

■ぼくは大人になったら、世界一のサッカー選手になりたいと言うよりなる。世界一になるには、世界一練習しないとダメだ。だから、今、ぼくはガンバッている。今はヘタだけれどガンバッて必ず世界一になる。そして、世界一になったら、大金持ちになって親孝行する。Wカップで有名になって、ぼくは外国から呼ばれてヨーロッパのセリエAに入団します。そして、レギュラーになって10番で活躍します。

これは、サッカー日本代表の本田圭佑選手が小学六年生だった時の作文です。この作文は、スポーツ選手以外からも注目されています。

どのような点が注目されているのでしょうか。

例えば「大人になったら、世界一になりたいと言うよりなる」と言い切っているところです。「いつまでに」と、目標に期限をつけて言い切ることで、気持ちも高まり、目標実現に近づくと言われています。

目標が具体的なところも注目されています。「世界一になりたい」というだけでなく、セリエAで、レギュラーで、10番など、場面や状況が具体的に描けます。具体的なほうが夢を実現できる可能性が高くなるそうです。

本田選手は、作文の続きに次のように書いています。

セリエAで活躍しているぼくは、日本に帰りミーティングをし10番をもらってチームの看板です。ブラジルと決勝戦を

し二対一でブラジルを破りたいです。

将来の夢や目標がある人は、具体的な場面をイメージしてみましょう。

2 語り② ラグビー日本代表 三種類の目標

スポーツ選手の精神面を指導する「メンタルコーチ」という職業があります。めきめきと実力をつけているラグビー日本代表。彼らのメンタルコーチによれば、選手に指導したのは、「目標を三種類に分けて考える」ということでした。

一つ目は「結果に関する目標」です。例えば、「日本一になる」「○○に勝つ」といった目標です。これは、あまり達成されないそうです。

二つ目は「パフォーマンスに関する目標」です。「△△ができるようにする」といった自分の能力に関する目標です。これは、周りの影響を受けにくいので、達成しやすいと言われています。

三つ目は「過程の目標」です。「○○するために△△できるようにする」という、目標達成のための中間地点の目標です。大きな目標だけでなく、途中過程の「小さな目標」を立てていくことが、目標達成をして自信をつけるコツなのだそうです。「小さな目標」もぜひ立ててみましょう。

3 補足 目標の立て方を具体的に教える

目標の立て方を具体的に教えることで、目標の質が変わるだろう。目標達成は生徒の自信にもつながる。ぜひ伝えたい。

《参考文献》
『ラグビー日本代表を変えた「心の鍛え方」』荒木香織（講談社）
『アットトリップ』http://attrip.jp/101501/

★長谷川のコーヒーブレイク

目標を作ったとしても、ほとんどの場合作りっぱなしで終わる。大事なのは作った後である。自己確認の場を設けることである。

3 ここぞという時に語ろう！場面別　3学期　別れ編

52　実録　学級解散の語り　中1

オススメ時期↓　中学一年生、最後の学活の時

新徳目↓　集団生活の充実

1　語り①　今よりも良いクラスをつくる

この一年を終えるにあたり、まだ、特別な思いは湧いてきません。明日も明後日も、みなさんとの生活が続いていくような感覚です。

しかし、このメンバーが一つのクラスに集まって生活を共にすることはもう二度とありません。生涯に一度の、神様からの贈り物でした。

春休み、毎日学校に登校していた日々から解放され、気持ちが落ち着くと、様々な思いが浮かんでくると思います。楽しかったこと、悔しかったこと、仲間から学んだこと、感動したこと。この一年、日常生活や合唱祭、体育祭などの行事、委員会活動、当番活動など、様々なことに本気で取り組んだからこそ、思い出すこともたくさんあるでしょう。

さて、四月になればまた新たな学級が誕生します。

もう一度私が担任をすることがあるかもしれないし、別の担任の先生になるかもしれません。仲が良かった子とまた同じクラスになれるかもしれないし、離れてしまうかもしれません。

ですが、どういう状況でも、皆さんに約束してもらいたいことが一つあります。四月に出会う新たなメンバーと一緒に、今年以上に良い学級をつくっていくと、約束してほしいのです。

最初は環境に慣れず、不安になり、前のほうが良かったという気持ちになってしまうこともあるかもしれません。

しかし、「去年のほうが良かった」「前のクラスに戻りたい」などの言葉を口にしてしまったら、周りはいい気持ちがしません。

「つまらない」と感じるなら、「自分が楽しいクラスにしていくんだ」という思いで行動してください。

私も来年担任する学級を、今のこの学級以上に良い学級にするために全力を尽くします。

二年生になった時に大事なことがもう一つあります。後輩に慕われる先輩になるということです。みなさんが入学した時に、どういう先輩がいたか思い出してください。優しい先輩、頼りになる先輩、尊敬できるような先輩がいたはずです。その先輩が教えてくれたこと、行動で示してくれたこと、かけてくれた言葉など、一つ一つを真似してみてください。そうすれば、きっとあなたも「良い先輩」になれるはずです。

二年生は学年をつくるのが大事だと言われています。後輩に慕われるような人が多くなれば、後輩があこがれるような素晴らしい学年に必ずなっていきます。がんばってください。

一年間、本当にありがとうございました。これでこのクラスの全ての活動を終了します。四月にまた皆さんと会えることを楽しみにしています。

2 補足 憧れられる先輩として生活し、惜しまれて卒業する

中学一年は学級をつくり、中学二年は学年をつくり、中学三年は学校をつくるという。そのことを具体的に意識させて学級を解散させたい。

後輩に憧れられる先輩が多い学校は良い学校である。憧れられる先輩として生活し、惜しまれて卒業する。そんな中学校生活を送らせてやりたい。

《参考文献》長谷川博之　研究物

★長谷川のコーヒーブレイク

中学校教育の肝は「学年づくり」である。だが、最初から学年全体でと考えると大した結果は生まれない。まず個性的な学級経営があり、それぞれの集団形成があり、その後に学年としてまとめるからこそ、奇跡的な事実が生まれるものである。

3 ここぞという時に語ろう！場面別 3学期 別れ編

53 実録 学級解散の語り 中2

オススメ時期→ 中学二年生、最後の学活の時

新徳目→ 集団生活の充実

1 語り

「別れがあるからこそ人の世は美しく、出会いがあるからこそ人の世は素晴らしい」。

私が尊敬している先生から教えていただいた言葉です。

同じ学校で生活するとはいえ、このクラスは解散です。別れは辛いし、新たな出会いには不安があるかもしれません。

でも、きっと大丈夫です。皆さんがこれから歩んでいく道は、これまで歩んできた道の延長線上にあります。今日まで積み重ねてきたものが、これからの皆さんを支えてくれます。自信をもって、新たなスタートを切ってください。

中学一年生は学級をつくり、二年生は学年をつくり、三年生は学校をつくるのだと、先生は考えています。

学校は、三年生が一番活躍し、輝いているのが理想形です。三年生が一番活躍している時、一、二年生はその姿に憧れ、その姿をお手本としてさらに成長するのです。そんな学校をつくるのは、これから三年生になる皆さん一人一人です。

一人一人というのは、四〇人いれば、四〇人全員ということです。

誰かがやるだろう、俺には関係ないし、ではないのです。皆さん一人一人の持ち味を生かし、四月から、さらによりよい学校をつくっていってほしいと願っています。

この一年間、皆さんのたくさんの笑顔を見ることができました。そして、たくさんの涙も見ました。私は、人生においては、笑顔と同様に涙も重要であると思っています。悔しい時に流した涙。嬉しい時に流した涙。感動した時に流した涙。きっと涙の数だけ成長できたはずです。

四月からの皆さんの生活には、すべてに「中学校生活最後の」という言葉が加わります。合唱コンクール、文化祭、体育祭などの行事や、授業、清掃、部活などの普段の生活。一つ一つに精一杯取り組み、さらに笑顔と涙が溢れる学校をつくって

いってほしいと願っています。

「別れがあるからこそ人の世は美しく、出会いがあるからこそ人の世は素晴らしい」。

今日の別れは少し寂しいけれど、四月からの新たな出会いに感謝して、さらによりよい学級、学年、学校をつくっていきましょう。

一年間、本当にありがとうございました。

2 補足 既に三年生に向けた生活が始まっている

中学二年生の冬休み明けから、既に三年生に向けた生活が始まっていることを、学級で語ったり学級通信に書いたりする。そして、学級解散では二週間後のスタートを見据えた語りをし、新年度の学級開きにつなげる。学級解散の語りは唐突なものではなく、これまでを振り返らせ、今後につながるようなものにしたい。

中学二年生の学級解散時には、生徒は生徒会本部、委員会、部活動など、様々な面で既に学校生活の中心的存在になっている。だからこそ、今後正真正銘の「学校の顔」としていかに生活していくべきかを改めて考えさせたい。また、一部の生徒が学校の顔になるのではなく、全員がそうなるのが理想であることについても触れたい。

★長谷川のコーヒーブレイク

最後の語りに自信がなければ、学級通信に綴り、それを読み上げる形でもよい。生徒が一年間の出来事を思い浮かべやすいよう、緩急をつけつつ、具体的に語ってやりたい。私は必ず、生徒一人一人の名前を入れる。

54 実録 卒業式での語り 中3

オススメ時期→ 卒業式後の最後の学活、中学校最後の授業参観

新徳目→ 家族愛

1 語り

二つ話します。
一つ目、私の尊敬する先生の言葉です。

> 出会いがあるから人生はすばらしく、別れがあるから人生は美しい。

出会いがあれば、必ず別れがあります。人間は、人との出会いによって、大きく成長するものです。別れは寂しいものですが、それは出会いが素晴らしいものだった証です。「いつまでも別れたくない」と思えるような素晴らしい出会い、君たちとの一年間に感謝します。

二つ目。私と出会う前に、皆さんは素晴らしいご両親と出会っています。

（参観している保護者に、我が子の脇に立ってもらうようお願いする）

> 今すぐ、親御さんと手をつなぎ、目を瞑りましょう。
> 今この場にいないのなら、家に帰ったら、必ずしましょう。

（保護者が参加できない生徒がいた場合、教師が手をつなぐ）

今まで、重い病気になった人もいれば、ケガで入院した人もいる。親子で大喧嘩した人もいるはずです。何があろうと、どんな時でも、ご飯を作り、洗濯をし、必要なお物や金を用意してくれた親御さんがいたから、今日の日を迎えることができたのです。何よりも先に、親御さんへ感謝を伝えなさい。

言葉にするのが恥ずかしい人もいるでしょう。握っている手から気持ちを伝えてごらんなさい。「親に迷惑をかけたな」と思う人は、つないでいる手をぎゅっと握って伝えなさい。その手が、一五年間、あなたを育ててきた手です。あなたが生まれてきた時は、きっと、もっと柔らかい手をしていたはずです。今、ゴツゴツしているのは、この一五年間、あなたを育てるために大変な苦労をしてきたからです。それを忘れないでください。

次に両親の手を取ることは、いつになるかわかりません。

もし、次に手を取ることがあるなら、その時、あなたのお母さん、お父さんは、あなたの傍らで元気に立っていないかもしれない。

手を握っても、握り返してくれないかもしれない。

今日、卒業式という日に、感謝を伝えなさい。

今日を逃して後悔しないように、今日伝えなさい。

2 補足 人生の節目だからこそ、感謝を伝えさせる

三年生を担任した時に行った語りである。語りの後は何も言わず、最後の挨拶を行って解散とする。帰り際、「先生、うちの子が手を握ってくれました。ありがとうございました」と、何人もの保護者に声をかけられた。

卒業式という人生の節目の日だからこそ、普段伝えることのできない親への感謝を伝えさせたい。当日の参加が難しいのなら、保護者宛に手紙を書く時間を設けてもよいだろう。

人生の節目だからこそ、身近な人に感謝を伝えさせたいものだ。

《参考文献》大畑誠也「熊本の名校長・最後の授業」『致知』（二〇一一年一月号（致知出版社）

★長谷川のコーヒーブレイク

最後の学活に保護者が入る学校は経験していない。代わりにやったのが、学活後の門出式で親子で腕を組んで花道を歩かせることである。最高の時間であった。

4 いつでも話せるようになりたい！テーマ別語り

55 学校で学ぶ意義と価値を伝える語り

オススメ時期→ 人間関係が不安定になりそうな時／学級開きの時 新徳目→ よりよい学校生活

1 語り①「桜梅桃李」

（「桜梅桃李」と板書する）

「おうばいとうり」と読みます。さくら、うめ、もも、そしてすもものことです。四つの植物全てに花が咲き、そして実を結びます。

「桜梅桃李」、元々は仏教の言葉です。「桜は桜の、梅は梅の、桃は桃の、李は李の特徴を改めることなく、生かしていくというように、私たち人間も、それぞれがありのままの姿で人生を咲かせ、実を結ぶことができる」ということを表しています。

このクラスにもいろいろな人がいます。勉強が得意な子、スポーツが得意な子、歌が得意な子、絵が得意な子、人に優しい子、慎み深い子。それぞれの得意なことや特長があります。

皆さんが持つ良さや得意なことをより一層伸ばしていく場所が、中学校です。あなた自身の良さや得意なことを見つけるために、いろいろなことに挑戦してほしいと願います。

2 語り②学校で学ぶ二つの理由

皆さんが集中して勉強できる環境を整えるために、たくさんの税金が使われています。その金額は、生徒一人につき一年間で約百万円です。

なぜ、見ず知らずの大人が、あなたたちのためにお金を出してくれるのでしょう。

そこには、大人からの強い願いが込められています。学校で勉強を積み重ね、この日本の未来を支え、より良くしていく人材として立派に成長してほしいという願いです。

皆さんが学校に来ることには、大きく言って二つの目的があります。

一つは賢くなるためです。世の中がどんどん便利に、生活しやすくなっているのはたくさんの人たちが一生懸命に勉強をし、働いてきた結果です。皆さんも数年後には学んだことを活かして社会を支えていく一員となります。そのために学校で学ぶのです。

もう一つの役割は、周囲と仲良くするためです。たった一人でできることは限られているけれども、仲間と力を合わせれば多くのことができるようになります。学校でも同じです。友達と力を合わせるからこそ、感動を味わったり、価値ある気づきを得たりできます。このクラスで一年間友達と協力しながら勉強して、心と身体と頭を鍛えていきましょう。

3 補足 尊重し合いながら生きればこそ

四月の学級開き、学級担任は「方針演説」を行う。ここで述べたことが一年間の学級の「芯」となる。しっかりと準備をしたうえで、方針演説を行いたい。また、生徒に視覚的に伝えると共に、保護者にも真意が伝わるよう、学級通信を用意することも大切である。

桜梅桃李（おうばいとうり）とは鎌倉時代の宗教家である日蓮の言葉だ。桜は桜の、梅は梅の、桃は桃の、李は李の、それぞれの花が美しく咲き誇ることをたとえている。我々も個性を大切にし、尊重し合いながら生きればこそ互いに実を結ぶことができるのだ。

《参考文献》伴一孝「『規範』を示し、守らせる」『現代教育科学』二〇一〇年七月号（明治図書）
（WEB）『財務省キッズコーナー　ファイナンスランド』http://www.mof.go.jp/kids/gakusyu_a_html/jp_03.html

★長谷川のコーヒーブレイク

級友の大切さに気づかせたい時は、語りも良いが、イベントを創るのが良い。共に活動する過程で気づくことは多々あり、成功した際に教師が語る言葉は通常の数倍の速度と深さで染み透っていくことだろう。

4 いつでも話せるようになりたい！テーマ別語り

56 服装を正しくしようと思える語り

オススメ時期↓ 年度当初、服装・生活指導をする時／服装の小さな乱れが見られた時

新徳目↓ 公徳心

1 語り

二〇〇一年、サッカーのU-17（一七歳以下）の日本代表が、ヨーロッパ遠征に出かけました。日本チームの選手たちは、ドイツ・フランス・イタリアなど、外国の選手たちと同じホテルに泊まっていました。

朝、チームの監督が、朝食をとるために食堂へ向かいました。その時、監督はあることに衝撃を受け、絶望の底に転がり落ちたといいます。

> 監督は、何に衝撃を受けたと思いますか？

それは、他の国の選手と日本の選手の違いでした。他の国の選手たちは、みな、髪の毛を整え、揃いのポロシャツをズボンのなかにきちんとしまった格好で食堂に現れました。当然、靴を履いています。その姿には、国の代表であるという意識・誇りが表れていました。

> 日本代表の選手はどうだったと思いますか？

ジャージのチャックをあけ、寝癖のついた髪の毛で、スリッパのまま「ちーっす」という挨拶で現れたのです。その姿は、他国の選手と比べてひどくだらしない格好だったと言います。

監督は、その姿を見て、瞬時に「勝負あった」と感じました。実際、サッカーの試合でも日本は大差で負けてしまいました。

外国のチームでは、選手たちは日頃から「いいか、お前たちがチームのシャツを着ているということで、周りの人たちからどう見られているのか、そのことを考えろ」と常々言われているということでした。

服装を直したらサッカーが強くなるわけではありません。しかし、服装の乱れは気持ちが整っていないことの表れです。日頃から意識を高め緊張感を持ち続けている選手と、気を抜いて生活している選手。ここぞという時にどちらが力を発揮できるかは明らかです。

所属するチームの看板を自らが背負っていることを自覚し、日常から見た目も含め、生き方を正して行動することが大切なのですね。

○○中の代表として私たちはどのような行動・服装をしていくべきか、一緒に考えましょう。

2 補足「何のために服装を整えるのか」

服装指導の際には、予め「何のために服装を整えるのか」という趣意説明をしておくと効果が上がる。

サッカーで国の代表になる選手でさえも、服装指導・生活指導を受け、生き方を正されている。そんな事実を伝え、日々の生活態度を見直させるための語りを紹介した。

服装を整えるのは、規則だからという理由のみでなく、自らが所属する集団のためになる行動なのだ。集団の代表として常に見られているという自覚が、言動の質を変える。

もちろん、一度や二度話をしたからといって全員が理想的な服装になり、言動を改めるとは限らない。あきらめず、粘り強く指導を重ねていくことが大切だ。

《参考文献》

『「言語技術」が日本のサッカーを変える』田嶋幸三著（光文社新書）

★長谷川のコーヒーブレイク

結果を出す人の特徴は、結果にふさわしい生き方を積み重ねていることである。だらしのない人間には応援者が生まれない。応援されない人間は成功できない。では、応援される人間になるにはどうするか。共に考えたい。

57 時間を守る大切さを伝える語り

オススメ時期↓ 時間を守る指導の趣意説明をしたい時　**新徳目↓** 公徳心

1 語り①

人は、人との約束を守ることで「信用」を積み重ねていきます。

> 人生で最も多く交わす約束は、どんな約束だと思いますか。

それは、「明日の四時に待ち合わせ」など、時間にまつわる約束です。

あるビジネスマンが、一〇人の集まる会議に五分遅刻してしまいました。

> その後、ビジネスマンはどうなったと思いますか。

たった一回、五分の遅刻で、その後一切重要な仕事は任されなくなってしまったのです。

たった五分ですが、ビジネスマンには五分で多額の利益を生み出す人もいます。一回の遅刻で失ったものは、九人それぞれの「五分」という時間と、その時間で生み出せたはずのお金、そして何より信用でした

> 一分の遅刻と一時間の遅刻、どちらのほうが罪は重いでしょうか。

一分の遅刻のほうが罪は重いと言われています。

一時間の遅刻の場合、多くは交通事故などどうしようもない事態が原因です。

一方、一分の遅刻は本人のほんのちょっとの努力次第でどうにでもなった遅刻です。相手を軽く見ていた証拠と受け取られます。相手のことよりも、自分の都合を優先している時に起こるのが「一分の遅刻」なのです。

「時間を守る」という意識を大切にして、日々生活していきたいですね。

2 語り②

外国の人たちから「日本の鉄道は、奇跡だ」と称賛されています。

> 日本の鉄道のどんなところが「奇跡」なのでしょうか。

電車が時間通りに到着することです。諸事情により一分間遅れただけでも、車内には「大変ご迷惑をおかけします」と放送が入るほどです。

外国ではどうか。電車が五分、一〇分遅れるのは当たり前で、場所によっては一駅ごとに一時間ずつ遅れていくこともあるそうです。

そんな国々が少なくないからこそ、時間通りに運行する日本の鉄道を多くの人が絶賛しているのです。

最新の技術はもちろんのこと、日本人の「時間を守る」意識が、国全体の信用につながっているのです。

3 補足　奇跡は時間を守ることから

「時間を守りなさい」と言っても変わらない生徒は多い。だからこそ、エピソードをいくつもストックしておき、ことあるごとに内容を変えて話す必要がある。

《参考文献》
『パンドラの憂鬱』http://kaigainohannoublog.blog55.fc2.com/blog-entry-1787.html

★長谷川のコーヒーブレイク

時間通りに丁寧な仕事を精一杯行っている会社の一つにTESSEIがある。鉄道を話題にするなら、この会社の取組に触れても面白い。

4 いつでも話せるようになりたい！テーマ別語り

58 掃除をきちんとしたくなる語り

オススメ時期↓ 掃除をしない人が出始めた頃、真面目な人をほめるとき

新徳目↓ 勤労

1 語り

イエローハットという会社があります。鍵山秀三郎さんは、二八歳の時に社長になりました。当時、会社の経営状態は厳しく、鍵山さんの会社と取引してくれるところはほとんどありませんでした。社員の心も荒れていて、外の仕事から帰ってくると疲れ切ってイライラしており、時にはものに当たることもありました。とても職場の雰囲気が悪かったそうです。

「社員の荒んだ心を何とかしたい」鍵山さんはあることを始めました。

> 鍵山さんが始めたのはどんなことでしょうか。

最初に始めたのは掃除でした。「心を穏やかにするには、まず周りをきれいにすることが大事である」と考え、一人でトイレ掃除と会社の掃除を始めたのです。

しかし、他の社員の反応は冷たく、「掃除なんかしても無駄だ」「うちの社長は掃除しかできない」と陰で批判もされたそうです。社長がトイレ掃除をしている横で用を足していく社員もいました。

> そのような状況で、あなたなら何日くらい掃除を続けれられますか。

鍵山さんは一〇年近く、一人で掃除を続けました。

一〇年経った頃、ようやく社員が一人、二人と手伝うようになりました。次第に掃除を手伝う社員が増えていき、二〇年を過ぎた頃には、ほとんどの社員が自ら掃除をするようになりました。

みんなで掃除をし、会社がきれいになると、社員の気持ちも変わり始めました。仕事でも真心のサービスをするようになり、

今では年商六百億円。全国に三〇〇店舗が展開されています。
鍵山さんは掃除をすることの五つの効用を見つけました。
①「謙虚な人になれる」。自分が接している周囲の人たちへの対応が変わってきます。
②「気づく人になれる」。これまでは見えなかった細部がよく見えるようになります。
③「感動の心を育む」。掃除後、きれいになったなと実感し、その実感が感動になります。
④「感謝の心が芽生える」。人からの小さな親切にも感謝の気持ちが持てるようになります。
⑤「心が磨かれる」。トイレや床を磨くことで、自分の心も磨くことができるようになります。
みなさんも掃除を通して、心も一緒に磨いていきましょう。

2 補足 掃除で心も磨かれる

鍵山氏が立ち上げたNPO法人「日本を美しくする会」は全国どこでも参加できる。大人も子どもも一緒になって素手でトイレの便器を掃除する。依頼すれば自分の学校に来てもらうこともできる。

《参考文献》
『日本を美しくする会』http://www.souji.jp/
『ニッポンの社長』http://www.nippon-shacho.com/interview/in_yellowhat/

★長谷川のコーヒーブレイク

鍵山氏の主張は「掃除道」である。人間修業のための掃除なのだ。このような語りをしつつ、教師自身が楽しんで掃除に取り組むことだ。楽しいところに人は引き寄せられる。

4 いつでも話せるようになりたい！テーマ別語り

59 掃除を楽しく真剣にやる「カストーディアル」

オススメ時期→ 自ら掃除に取り組む生徒を増やしたい時　新徳目→ 勤労

1 語り

「夢の国」と言われるディズニーランドでは、一万八千人もの人が働いています。

> ディズニーランドの中で、最も多くの人が割り当てられているのは、何の仕事だと思いますか。

正解は園内の掃除です。掃除担当の人たちは「カストーディアル」と呼ばれます。ディズニーランドを訪れた人たちが素敵な思い出をつくれるように、園内を常に掃除しているのです。

東京ディズニーランドには、掃除の目標として「これくらいきれいにしよう」という目標があります。

> 「○○が○○できるレベル」○には何が入ると思いますか。

正解は「赤ちゃんがハイハイできるレベル」。それくらい、園内をきれいに保とうという目標を掲げているのです。広い園内どこでも、一五分に一回は掃除がされるようになっています。

さらに、「夢の国」というイメージを壊さないよう、掃除をする姿にも気を使っています。いつも、シミ一つない清潔なユニフォームを着て、笑顔で掃除を行っています。彼らにとっては、掃除も「夢の国」のパフォーマンスの一部であり、お客さんを楽しませる仕事なのです。

また、お客さんが帰った後にも、ナイトカストーディアルと呼ばれる人たちが園内の掃除を行っています。夜、広い園内を掃除するのは寂しいものですが、中にはトイレの便器一つひとつに名前をつけ、愛情を持ってトイレ掃除を行うカストーディアルもいたそうです。それくらい、一生懸命掃除をしているのです。すべては、お客さんに気持ちよく過ごしてもらうため、素敵な夢の世界をつくるためです。

ディズニーランドの創始者、ウォルト・ディズニーの言葉です。

「いつもきれいにしておけば客は汚さない。でも、汚くなるまで放っておけば客はますますゴミを捨てるんだ」

私たちが生活する学校も、みんなが気持ちよく生活できるように、常にきれいな状態に保っておきたいですね。

2 補足 ディズニーランドをつくり出しているもの

ディズニーランドのスタッフに関するエピソードは様々な書籍で紹介されている。掃除を一生懸命行うという事例の他、プロの仕事を物語るエピソードも豊富である。

今回の語りでは、夢の国と呼ばれるディズニーランドを作り出しているのは、一見目立たない掃除担当の仕事なのだということを伝え、掃除の大切さを感じ取らせたい。最後のウォルト・ディズニーの言葉を、ブロークンウィンドウ理論と合わせて話をしてもよいだろう。

このような語り・授業をした結果、長期休業明けに「先生、ディズニーランドに行ったので、カストーディアルの写真を撮ってきました！」と笑顔で報告してくる生徒もいた。

ディズニーランドは身近であり、誰もが知るテーマパークである。様々なエピソードを準備して、生徒に語りかけたい。

★長谷川のコーヒーブレイク

新たな場所を訪れたらトイレを見る。そこにその場所の本当の姿が表れている。自分の家はどうか。この学校はどうか。そんな問いかけをしてみたい。

4 いつでも話せるようになりたい！テーマ別語り

60 「ありがとう」を心を込めて言えるようになる語り

オススメ時期→ 学級経営が落ち着いた五月頃　新徳目→ 思いやり・感謝

1 語り

最近、どのような場面で「ありがたい」と感じましたか（発表）。

困っている場面で助けてもらった時、思いもよらないサプライズを受けた時、お年玉やお小遣いをもらった時、くたくたになって乗った電車内でちょうど目の前の席が空いた時など、いろいろな場面で「ありがたい」と感じることがあったことでしょう。

そして、感謝の気持ちを相手に伝えるため、「ありがとう」と言葉にすることもありましたよね。

この、何気なく使っている「ありがとう」という言葉。

「ありがとう」の反対の言葉とは何でしょう。

ヒント、「ありがとう」を漢字で書くと「有り難う」です。有ることが難しい、有ることがなかなかないという意味ですね。その反対の言葉です。

東日本大震災の支援活動を継続的に行うボランティアグループが、被災状況、支援活動と人々の思いやりの心について各地の中学校で講演をしています。その講演を聴いた中学生の感想文を紹介します。この中に答えが出てきます。

「東日本大震災を通し、電気のありがたみ、水道のありがたみ、普通に暮らすことのありがたみを学びました」

「私には、家があり、家族がいて、温かい布団で寝られ、仲間がいて、学校に行き授業を受けられること。これらは今までは当たり前のことだと思っていましたが、ありがたいことだと学び、幸せなことだと感じました」

「ありがとう」の反対は「当たり前」です。電気、水道、家、家族、仲間……皆さんにとって、これらは当たり前かもしれません。

しかし、こういったことが当たり前ではない人たちがたくさんいます。震災で被害にあわれた方たちにとってもそうです。世界を見渡せば、水道がない国、電気が通っていない場所、家族や仲間を失った人……数えたらきりがありません。本当は、そろっていないほうが「当たり前」で、これらすべてがそろっているのは、本当はとても「有り難い」ことなのです。

今、私たちの生活はとても恵まれています。何かをしてもらったとき、ものをもらったときにだけ「ありがとう」というのではなく、普段から「当たり前」に感謝する「ありがとう」の気持ちを持ってみるとよいでしょう。

2 補足 「当たり前」の出来事に対する感謝

日常生活で「ありがとう」がたくさん聞こえる学級はよい学級である。日々生活する中で小さなことにも感謝の思いを持ち、その思いを口にできる生徒を育てたい。また、人に感謝されることに喜びを感じる、人のために動くことを厭わない生徒を育てたい。そのために、様々なエピソードを語っていきたい。

「当たり前」の出来事に対する感謝を自覚すると、過去からの小さな出来事の積み重ねの上に今があることや、先人から受けた様々なご恩に対しても感謝の気持ちが湧いてくる。結果として未来の世代にご恩送りをする心の育成にもつながるだろう。

《参考文献》
『子どもたちが身を乗り出して聞く道徳の話』平　光雄（致知出版社）

★長谷川のコーヒーブレイク

「有難う」の語源と、対義語としての「当たり前」。この語りと関連させて、口癖をピックアップさせ、効用を話してやるのもよい。

61 生徒同士が協力するようになる語り

オススメ時期↓ 二学期、学級内の協力体制をさらに深めたい時

新徳目↓ 友情・信頼

1 語り

私たちが毎日使っている右手と左手のお話です。

ある朝、洗面所で顔を洗っている時のことです。歯磨きをしている右手がふと横を見ると、左手はだらりと下に垂れて何も動いていません。

「あれ、僕はこんなに動いているのに……」右手は左手のことが気になりました。

それから学校に行きました。授業が始まり、黒板の文字を書き始めたその時です。鉛筆を握った右手がふと横を見ると、左手は机の上にあるだけで何も動いていません。

「僕は一生懸命に黒板の字を写しているのに……」右手はちょっとぼやきました。

給食の時間、そっと横を見ると左手はお茶碗を握っています。右手は少し安心しました。

ところが、よく見ると、左手は全然動いていないのです。

「やっぱり動いているのは自分だけ。これは不公平だ……」右手は大いにぼやきました。

ところがある日、左手はヤケドをして、しばらく動けなくなりました。

朝起きて、顔を洗おうとした時です。右手だけでは、水がすくえません。チューブから歯磨き粉を出すのもひと苦労。

右手は包帯に包まれた左手をそっと見ました。

勉強の時間も困りました。書く時にノートがするする動いて、うまく書けません。右手は、今まで左手がノートを押さえてくれていたことに気がつきました。

給食の時間も大変でした。右手だけではお盆も持ちにくいし、ご飯を食べる時も前かがみ。とても窮屈です。

「左手は僕を支えてくれていたんだ」右手は左手にすまないと思いました。

やがて左手のヤケドが治りました。今では右手と左手は、一緒に協力し合って生活しています。

よく、「大切なことは『思いやり』や『協力』だ」と言いますが、具体的にどんなことをすればいいのでしょうか。皆さんの中には、「何で自分ばかりやらなくてはいけないの」「何もしていない人もいるのに」と思っている人もいるかもしれません。

また、逆に、「自分はあの人のように活躍はできない」「自分は何の役にも立たない」などと思っている人もいるかもしれません。

集団には、いろいろな役目をする人が必要です。表で派手に活躍する人（右手）もいれば、裏でそっと支える役目（左手）をしている人もいます。

その役目は、時によって交替します。だからこそ、右手は左手のことを、左手は右手のことを忘れてはいけないのです。お互いを思いやり尊重し合っていくことこそ、「協力」なのです。

学級の様々な場面でも、「右手」の人もいれば、「左手」の人もいるでしょう。互いに協力し合って、より良いクラスにしていきましょう。

2 補足　自分の働きを考えつつ、周囲に貢献する

係活動や委員会活動、授業、生徒会活動、部活動など、様々な場面で協力が必要になる。その時々で自分は右手か、左手か。自分の働きを考えつつ、周囲に貢献できる生徒を育てたいと願い、語る。

《参考文献》大藪日左恵校長　講和『思いやりと協力』（佐賀県立城西中学校　学校便り）

★長谷川のコーヒーブレイク

リーダーとフォロワーの役割を教える語りにも通じる。現場ではリーダーの教育に比してフォロワーの教育が疎かになりがちだ。どちらも大切な教育なのだ。

4 いつでも話せるようになりたい！テーマ別語り

62 失敗をした生徒に伝えたい　正直に謝ることの大切さ

オススメ時期→ 「正直」であることの良さを伝えたい時　**新徳目→** 自主・自律

1 語り　正直なジョージ

昔、アメリカにジョージという六歳の男の子がいました。ジョージは刃物を扱うお店から斧を借りました。その斧があまりに魅力的で、彼は、試しに切ってみたくなりました。

ジョージは、父親が大事にしている木だということも忘れ、庭の木を根元近くから切り、その木を倒してしまいました。

当然、後で父親に見つかります。父親がやって来て言いました。

「私の大事な木を切ったのは、おまえだね？」

> ジョージは、なんと答えたでしょうか。

ジョージは父親をだまそうか、正直に言おうか一瞬悩みました。しかし、

「僕はうそをつけない。お父さん。僕が切りました」と正直に話しました。それを聞いた父親は、

「ジョージ、お父さんはうれしいよ。お前がしたことは確かに悪い。でも、自分の悪いことを素直に認め、謝るのは勇気のない弱虫にはできないことなんだよ。それは一〇〇〇本の木より価値があることだ」

と言い、彼を許してやりました。

こうして、彼は正直であることの大切さを知りました。彼の名は「ジョージ・ワシントン」、アメリカの初代大統領になった人です。

もう一人、「アル・カポネ」という貧しい少年がいました。

彼は小さい頃、とても貧しく、お腹が空きすぎて、パンを盗んでしまい、店の人に捕まりました。

アルは、なんと答えたでしょうか。

アルは、「ぼくは盗んでいないよ」と嘘をつきました。何度言われても「ぼくはやっていない」と嘘を言い続け、ついに、そのまま言い逃れたのでした。その後、彼は次々に盗みや悪さを働きました。しかし何をしても捕まらず、ついにはシカゴの町で一番のギャングになりました。

年月を経てついに逮捕されたアルは、「どうして、おれが捕まらなくてはならないんだ。こんなに社会の役に立つことをしてきたのに」と言ったそうです。

一人は、大統領、もう一人は、ギャング。二人の人生を分けたのは何だったのでしょうか（正直に話すか、嘘をつくか）。その通りです。

今日、クラスに置いてあった花瓶が割れました。

私が教室に入った直後、Aさんが、花瓶を割ってしまったことを正直に話してくれました。わざとではないけれど、割ってしまったことを私に謝ってくれました。

私は嬉しかったです。物事を隠さず、正直に話す人は、周りの人からも信頼される人になっていきます。皆さんにも、そのような人になってほしいと願っています。

2 補足 何かあった時、正直に話すことを語る

学級にトラブルはつきものである。何かあった時には正直に話す生徒に育ってほしい。実際の出来事に合わせてエピソードを語ると効果的だろう。

《参考文献》『ワシントン』（一九七六年）（世界伝記全集〈31〉）

★長谷川のコーヒーブレイク

ワシントンのエピソード単体では幼児向けだと考える。アル・カポネと対比させたことで語りに奥行きが生まれた。では、中三相手になら何を語る。そういう目で様々な書籍に目を通すとよい。

4 いつでも話せるようになりたい！テーマ別語り

63 真の友情を考える「アンパンマンマーチに込められた意味」

オススメ時期→ 良い交友関係を築いてほしい時　新徳目→ 友情・信頼

1 語り①

あるおもちゃの会社が、子どもが好きなキャラクターについてのアンケートを取っています。その結果、一〇年以上、毎年のように一位をとっているキャラクターがあります。何だと思いますか。

アンパンマンです。アンパンマンは、他のヒーローとは違った特徴があります。何が違いますか（数名に言わせる）。

例えば、自分の顔を食べさせることです。水に弱いという明らかな弱点があるのも珍しいことです。また、敵のバイキンマンに対しても、殺すことはせず、パンチで追い払うだけです。

アンパンマンは、なぜこのようなヒーロー像になったのでしょうか。作者のやなせたかしさんは次のように話しています。

「一般的なヒーローは、マント一つ汚さずに飛び去っていく。壊した町も、どうなったのかわからない。そういうヒーローって、本当の正義なんだろうか。本当におなかが空いて困って、独りぼっちで寂しくてっていう人のところには、そういうヒーローはなぜか現れない。いったい誰を助けているんだろう」

やなせさんのこのような思いから、アンパンマンは生まれたのです。

また、やなせさんの戦争体験もアンパンマンの誕生に関わっています。やなせさんは、「正義というのは、立場が変われば悪にもなり得る、逆転してしまうこともある」ということを戦争の体験から学びました。

そして、その中で絶対に変わらない正義とは、「目の前でお腹が空いている人がいたら食べ物をあげることだ」と考えるに至るのです。

だからアンパンマンは、いつも自分の顔を食べさせることで、お腹が空いて困っている人を助けるのですね。

2 語り②

「アンパンマンのマーチ」という歌がありますか。聞いたことがある人はいますか。その中に、「愛と勇気だけが友達さ」という歌詞があります。この部分の歌詞に対して「愛と勇気しか友達がいないなんて寂しいなあ」と感じる人が少なくないそうです。

この歌詞は、アンパンマンの生みの親であるやなせたかしさんが書いたもので、「闘うときは自分一人だと思わなくちゃいけない」という意味が込められています。何か勇気を持って行うときには、仲間を巻き込むのではなく、一人で仲間を守っていく。そういう覚悟が大切だということです。

たとえ自分が困ることになっても、お腹を空かせて困っている人を助ける。一人でも闘い抜く。だからこそアンパンマンには多くの仲間がいるし、そんなアンパンマンだからこそ子どもたちも大好きなのでしょう。

3 補足 他者へのやさしさ、一人の人間としての強さ、生きることの意味

誰もが知る国民的キャラクターであるアンパンマンには、やなせたかしさんの強い思いが込められている。やなせさんの戦争体験、アンパンマンが生まれた経緯や苦労など、道徳の教材としても様々な切り口がある。

歌詞の全文を取り上げて、一つひとつ意味を考えさせていく授業展開も考えられるだろう。他者へのやさしさ、一人の人間としての強さ、生きることの意味など、様々考えさせたい。

〈参考文献〉

『わたしが正義について語るなら』やなせたかし著（ポプラ社）

★長谷川のコーヒーブレイク

アンパンマンの役割を私たちが日常生活の中で果たすとしたら、何をどうすることなのか。私ならばこんなテーマを生徒と一緒に考えたい。

4 いつでも話せるようになりたい！テーマ別語り

64 震災に関する語り　生存率99％の訓練

オススメ時期→ 避難訓練を行う前　新徳目→ 節度・節制

1 語り　避難訓練を活かした小学生・中学生

東日本大震災では地震以外にも多くの犠牲者が出ました。その一つが津波による犠牲者です。「想定外」と言われるほどの高い津波により多くの命が失われました。

そんな中、岩手県釜石市の小中学生は、ほぼ全員が津波から逃れることができました。その割合はなんと99％でした。多くの人たちは、これを「奇跡」と呼びました。しかし、本当に奇跡だったのでしょうか。

釜石東中学校。地震が起きると生徒たちは自主的に校庭を駆け抜け、「津波が来るぞ」と叫びながら避難場所まで移動しました。

ところが、津波がどんどん近づいてきます。その時、さらに高い所へ避難しようと提案したのは、中学校の男子生徒でした。日頃一緒に避難する訓練を重ねていた、近くの小学校の子どもたちも、後に続きました。また、幼稚園から逃げてきた園児たちとも合流、ある生徒は小学生の手を引き、ある生徒は幼児が乗るベビーカーを押して走りました。

間もなく、最初にいた避難所は津波に飲み込まれましたが、とどまらずに逃げた彼らは間一髪で高台にたどり着き、事なきを得たのです。

また、ある小学一年生の男の子は、地震発生時に自宅に一人でいましたが、学校で教えられていた通り、避難所まで自力で避難しました。別の小学六年生の男の子は、二年生の弟と二人で自宅にいました。「逃げようよ」と弟は言いましたが、既に自宅周辺が数十㎝の水量になり、大人でも歩行が困難になっていました。そこで、「自分たちではとても無理だ」と判断し、自宅の三階まで上って難を逃れました。

小中学生に、なぜこのような判断ができたのでしょうか。

学校で学んだことを思い出したからです。

釜石市では子どもたちに津波の恐ろしさや特徴だけでなく、実際に避難する際の注意点を教えていました。指導の際に特に重視したのは、「その時にできる最善を尽くすこと」でした。津波は毎回その形を変えて襲ってきます。地震の直後ではまだどんな津波なのかわかりません。ハザードマップに示された津波より大きいかもしれないし、小さいかもしれません。そんな時、必要以上に考え込むのは時間の無駄遣いです。できることは、その時々の状況に合わせて最善の避難をすることです。子どもたちはこのことを真剣に学んでいたのです。

また、自分の命に責任を持つことも授業で教えられました。子どもたちは「これだけ訓練や準備をしたので、自分は絶対に逃げると親に伝えておきなさい」と教えられていました。だからこそ、津波が来た時、どの子も迷わず自分の命を守ることに最善を尽くせたのです。

日頃の訓練で学んだ教訓が釜石市の子どもたちを救ったのでした。これから避難訓練が行われます。本番のつもりで、気持ちを引き締めて取り組みましょう。

2 補足 避難訓練の趣意説明

避難訓練では真剣になれない子どももいる。趣意説明をせずに始めてしまうと、いい加減な態度が蔓延し、訓練の意味がなくなる。そうならないためにも、先のような語りが大事である。

《参考文献》『東洋経済オンライン』http://toyokeizai.net/

★長谷川のコーヒーブレイク

釜石市の奇跡は何もしなかった結果の奇跡でなく、教育の奇跡である。適切な訓練を重ねることで必ず成果が上がる。訓練前後の教師の仕事（趣意説明や事後指導）が重要である。

4 いつでも話せるようになりたい！テーマ別語り

65 終戦記念日前にする戦争に関する語り　特攻隊

オススメ時期↓　終戦記念日の前　新徳目↓　国を愛する態度

1 語り

ある人が妹に書いた手紙です。

> 清子殿　兄は特別攻撃隊隊員として太平洋の防波堤になるために征（ゆ）くことになった。今まで少しも兄らしいこともせず、許してくれ。強く優しいそして朗らかにお母さんや姉さんの教（おしえ）を良く守って兄さんの分まで孝養をつくしてくれ。兄は常に大空より清子を守っている。躰（からだ）の丈夫なのが何よりの孝行だ。病気にならない様にくれぐれも注意せよ。桜咲く春には九段に居る。勉強をおこたるなよ。さようなら。三月二七日　兄より　唯（ただ）一人の妹に

この手紙は、日本とアメリカの戦争中に書かれました。戦争末期、日本はアメリカ軍の圧倒的な戦力に押されっぱなしでした。それでも日本を断固として守るため、日本軍は特別攻撃隊による作戦を決行します。

「特別攻撃隊」は、「特攻隊」と呼ばれています。飛行機などに、大量の爆弾を積んで、アメリカの軍艦に体当たりするのです。特攻したら最後、成功しても失敗しても死はまぬがれません。特攻隊員は皆、命令ではなく、自ら望んで任務に就きました。多くは二十代の若者でした。

> なぜ、特攻隊員となることを望んだのでしょうか。

「俺たちの苦しみと死が、俺たちの父や母や弟妹たち、愛する人たちの幸福のために、たとえわずかでも役立つものなら……」これは、ある特攻隊員の日記の一部です。両親もすでに亡くなっていて、残された家族は幼い妹ただ一人。出撃するこ

とは辛い決断でしたが、愛する人を含めた日本人の未来にわずかでも役立つのであれば、と考えたのです。

当時、沖縄の学生であったある女性は「特攻隊の突入のおかげで救われました」と言っています。アメリカ軍による絶え間なく続く攻撃は、特攻隊が突入するその時だけは、そのすべてが特攻隊に向けられたのです。その隙間を縫うように、女学生たちは暑さと飢えとに覆われる洞窟（ガマ）から飛び出し、命の水を汲みに走ることができたのです。

かつて、自分以外の人のために、命をかけて戦った人たちがいました。まもなく終戦記念日を迎えます。戦争で亡くなった方々のご冥福を祈りつつ、平和を築くために、私たちに何ができるのか考えましょう。

2 補足　自らの努力で平和を守り抜こうとする気概と意欲を

終戦記念日、全国戦没者追悼式をニュースで見る機会はあるが、自分たちと関わりが深いと考える生徒は少ない。若くして家族や国のために命がけで戦った特攻隊員の存在を伝え、自らの努力で平和を守り抜こうとする気概と意欲を育みたい。

特攻隊に関しては語るべきエピソードがたくさんある。調べて伝えられるようにしておきたい。

《参考文献》
『いつまでも、いつまでもお元気で　特攻隊員たちが遺した最後の言葉』知覧特攻平和会館編（草思社）
『今日われ生きてあり』神坂次郎著（新潮文庫）
『特攻隊員の命の声が聞こえる　戦争、人生、そしてわが祖国』神坂次郎著（ＰＨＰ研究所）

★長谷川のコーヒーブレイク

特攻は無駄死にではない。私が語るなら、いくつかの遺書をそのまま読み聞かせるだろう。

66 知っておきたい「祝日」に関する語り 「昭和の日」「子どもの日」なんでお休みなの？

オススメ時期↓ ゴールデンウイーク前など、祝日の前日　**新徳目↓** 我が国の文化と伝統の尊重

1 語り

家先に日本の国旗が掲げられる日があります。どんな日でしょうか。それは、一月一日の元日、二月一一日の建国記念の日などの祝日です。

> なぜ祝日に国旗を掲げるのでしょうか。

国旗とは、国民が一つになるシンボルです。祝日にはそれぞれの家で国旗を掲げ、国民全体で祝日をお祝いするのです。今はだいぶ少なくなりましたが、以前は祝日を大切にしている家がたくさんありました。

それぞれの祝日で、何をお祝いするのかが決まっています。例えば、五月五日「こどもの日」は、法律で、次のように書かれています。

> こどもの人格を重んじ、こどもの幸福をはかるとともに、（　）に感謝する。

（　）には何が入りますか（数名指名）。正解は「母」です。子どもの成長を願う日であると同時に、産んでくれた母親に感謝する日でもあるのです。このように、祝日には目的があります、次の目的は何の祝日でしょうか。

> 激動の日々を経て、復興を遂げた昭和の時代を顧み、国の将来に思いをいたす。

「昭和の日」です。何月何日か知っていますね。この日は、平成一九年までは「みどりの日」といいました。さらにその前は四二年間、「天皇誕生日」でした。昭和天皇が生まれた日です。昭和天皇が亡くなって、名称が変えられたのです。昭和と

いう時代は震災、戦争、そこからの復興、オリンピックに高度経済成長など、激動の時代でした。その昭和の時代を顧み、日本の将来を思う日が、この日なのです。

他にも一五の祝日があります。海の恩恵に感謝する「海の日」。長寿を祝う「敬老の日」。スポーツに親しむ「体育の日」などです。

二〇一六年から新しい祝日が定められました。山の恩恵に感謝する「山の日」です。

自然、歴史、家族……様々な恩恵を受けて、今の日本があります。そういった一つ一つに年に一度感謝したり、これからの幸福を願ったりするために、祝日はあります。大切にすべきものを大切にするために、学校や会社をお休みにして国旗を掲げていたのです。

今では、祝日に国旗を掲げている家を見かけることは少なくなりました。祝日の目的や意義を正しく理解し、お祝いや感謝をする日にしていきましょう。

2 補足 祝日の目的を語る

祝日に学校が休みになる理由を知らない子どもが多い。明日から三連休でラッキーだなどと思う程度だ。だからこそ、帰りの会などで祝日の目的を語り、知らせたい。旗を掲げる習慣を紹介することで、祝日を祝う大切さをより深く理解させることができる。

《参考文献》

『「国民の祝日」の由来がわかる小事典』所 功著（ＰＨＰ新書）

★長谷川のコーヒーブレイク

祝日の意味を語ることは、教師として最低限の嗜みだ。休みを生徒と共に喜んでいるようでは情けない。ぜひ、祝日一つひとつの意味を調べ学んでいただきたい。

4 いつでも話せるようになりたい！テーマ別語り

67 入学式や卒業式に最適「返事」に関する語り　日本の伝統「立つより返事」

オススメ時期→　儀式的行事の練習が行われる前

新徳目→　節度・節制

1 語り

日本でたくさんのお金を稼いで、たくさんの税金を払っている人のランキング「長者番付」。二〇〇五年まで公表されていました。その長者番付に一二年間連続でトップテン入りを続け、日本一の実業家といわれている人がいます。斎藤一人（さいとうひとり）さんと言います。その日本一の実業家が、仕事をする上で大事なこととして、次のように言いました。

「早い返事は、信頼を高める」

なぜ返事が大事なのでしょうか。例えば、「こういうことをやろう」と思いつき、ＦＡＸで企画書を送付したとします。その時、返事がなかなか返ってこないと、「あれ、どうしたのかな。あまり乗り気じゃないのかな」と思ってしまうそうです。反対に、「はい」とすぐに返事をくれる人もいるそうです。「はい」というたった二文字の返事ですが、「やる気がありますよ」「あなたのことを真剣に考えています」という気持ちを伝えることになるのです。社長からすれば、返事を早くしてくれる人には安心して仕事を頼めます。

だから、斎藤さんは返事がいかに早く返ってくるかでその人の仕事への意欲や熱意を判断するそうです。返事を早くすることで、こちらの気持ちを相手に伝えることができるのです。

日本には、次のことわざがあります。

「立つより返事」

「人に呼ばれたときは、立ちあがるよりも先に返事をしなさい」という意味です。昔から、立つよりも早く気持のよい返事を相手に届けることを、日本人は美徳として大切にしてきたのです。

これからの卒業式では、皆にしてほしいことがあります。それは、名前を呼ばれたら、明るく元気な声で返事をすることです。

返事は、誰に聞かせるのですか。

(数名に聞く)。式に来てくれている保護者の方々です。これまでの感謝とこれからの決意を返事に込めて伝えるのです。面と向かって言えなくても、「はい」という返事をすることで、感謝や決意を伝えることができます。もし、返事が小さければ、保護者の方々は心配になってしまいます。「はい」という言葉に、皆の感謝や決意を込めましょう。

2 補足　なぜ返事をしなければならないのか

このような趣意説明がなければ、式中の返事は小さくなる。「なぜ返事をしなければならないのか」がわからないからだ。返事をすることの大切さや意味を納得させ、式の指導にのぞみたい。

《参考文献》

『500年たってもいい話　人生・お金・仕事・結婚 極意書』斎藤一人著（PHP文庫）

★長谷川のコーヒーブレイク

前半は返事というより返答（レスポンス）の早さの話だろう。無論、返事も返答も早ければ早いほど良い。特に返事は笑顔で元気よく行う。互いに気持ちよく関わり合えるからだ。

4 いつでも話せるようになりたい！テーマ別語り

68 前向きな言葉を使いたくなる「言霊」の語り　北島康介

オススメ時期→ プレッシャーに負けずに立ち向かわせたい時　新徳目→ よりよく生きる喜び

1 語り①

日本には昔から「言葉には魂が宿る」という考え方があります。例えば、受験の前、「落ちる」「滑る」などの言葉は、受験で不合格となることを連想させてしまうため避けられる傾向があります。

口にした言葉通りの現実を引き寄せる。これが言霊思想です。この考え方を大切にしていた一人が、水泳、元日本代表の北島康介選手です。

二〇〇四年。国際大会で優勝し、世界記録を出した北島選手。周囲の期待もぐんぐん高まり、いつしか「金メダル当確」という言葉が新聞を賑わせるようになっていました。

アテネ五輪出場が決まってからは、会う人会う人に「頑張ってください」「期待しています」と声をかけられました。その期待を「ちょっとキツイ」と感じる時もありました。それでも、取材などで「プレッシャーはないか」と尋ねられると「全然気にしてないです！」と笑顔で答えていたそうです。

「もし負けたら」、「本当に勝てるのか」本当はそんな気持ちもありました。ですが、そんな後ろ向きの気持ちを抑制し、口にしないようにしました。「金メダルを取ります」と言い続け、自分が勝つためのいいイメージだけを持つようにしました。

結果、アテネでは二つの金メダルを獲得。正真正銘のトッププロとなりました。言葉の力が、素晴らしい結果を引き寄せた実例のひとつです。

2 語り②

金メダルを獲得して以降、四年後、二〇〇八年の北京オリンピックに向けて北島選手は練習を重ねていました。でも、なかなかいいタイムが出ません。国内大会でも勝てないことが続きました。引退説もささやかれ、かつてない重圧を受けて円形脱毛症になったり、入院を繰り返したりもしました。

それでも「疲れた」「やりたくない」などの否定語は一切使わず、「勝てる」「負けるはずがない」と口にし続けた北島選手。「金メダルを取る」と宣言し、プレッシャーは「感じていない」と言い続けました。

結果、平泳ぎ二種目で金メダルを手にしました。北島選手は言います。

> 生意気だとか、ビッグマウスだとか言われながらも、僕は「勝つ」と言い続けた。言葉は生き物で、自分の状態に影響を与える。「自分は勝つ」と言い続ければ思考も勝つ方向に進んでいく。

言葉には力があります。魂が宿っています。今日から前向きな言葉を用いるように心がけてみませんか。

3 補足 「自分自身」に向けても前向きな言葉を用いる

小学生の頃に「ふわふわ言葉（他者が温かい気持ちになる言葉）」「チクチク言葉（他者を傷つける言葉）」などの道徳授業を受けている生徒も少なくない。それらはどちらも「他者」との関係を良好にすることを主眼とした授業であるといえる。と同時に、「自分自身」に向けても前向きな言葉を用いるように習慣化させていくことが大切である。言葉に宿る魂を大切にする文化を、後世にも引き継いでいきたい。

《参考文献》
『前に進むチカラ』北島康介（文藝春秋）
『前略、がんばっているみんなへ』北島康介（ベースボール・マガジン社）

★長谷川のコーヒーブレイク

言霊思想を語るなら、欠かせない資料がある。紀貫之が書いた古今和歌集仮名序である。読み聞かせたい名文の一つだ。

69 きれいな日本語にあこがれる「大和言葉」の語り 「ありがとう」「お福分け」

オススメ時期→ 言葉遣いが気になった時　新徳目→ 我が国の伝統と文化の尊重

1 語り① 「お福分け」

「おすそ分け」という言葉を聞いたことがありますか。「いただいた品物を他の人にも分ける」という意味でよく使われますが、実は、その使い方は間違いです。「おすそ分け」は、服の端っこの部分である裾（すそ）、すなわち「つまらないもの」を分け与えるという意味です。誰かからのいただきものをお分けする時に使うと失礼です。

では、正しくは何と言うでしょう（「○○分け」と板書する）。

「お福分け」です。日本人は古来、食べ物をお供え物として神様に捧げてきました。「お福分け」は、神様に捧げた縁起の良いお供え物を周りに分け与える、というのが語源です。人様からいただいた品物についても、いただいた時の感謝をも一緒にお分けしよう、という気持ちが「お福分け」という言葉に込められているのです。

日本人は昔から、言葉の一つ一つに思いを込めて使ってきました。そんな思いのこもった日本語をしっかりと理解して、正しく使っていきたいですね。

2 語り② 大和言葉の美しさ

漢字には音読みと訓読みがありますね。なぜ同じ漢字なのに読み方が分かれているのか、不思議に思ったことはありませんか。

それは、日本古来の言葉である「大和言葉」と、中国から入ってきた「漢語」との違いを表しています。

例えば、「山川」と書いて、大和言葉では「やまかわ」と読みます。漢語では「サンセン」と読みます。

どちらも同じ意味ですが、「サンセン」に比べて、「やまかわ」のほうが柔らかい印象を与えます。「住宅」と「お住まい」、「故郷」と「ふるさと」、他の大和言葉も同様に柔らかい印象になることが多いようです。

また、日常の会話でも大和言葉と漢語によって印象が変わる場面がたくさんあります。例えば、返事をするときに「了解しました」と言うのと、「承りました」と言うのとでは、受け取り方はどう違いますか。大和言葉である「承りました」という言葉のほうがより丁寧な印象を受けるのではないでしょうか。「駐車禁止」と書くのと、「車をとめないでください」と書くのとでは、どう印象が違いますか（たくさん出させる）。

私たち日本人は、自ら文化を生み出すだけでなく、外国の優れた文化も取り入れて、今の豊かな生活を築き上げました。普段何気なく使っている言葉にも、漢語や外来語が混じっています。

しかし、日本古来からの文化にも素晴らしいものがあります。今、大和言葉が持つ言葉の美しさ、響きのよさが見直されています。日本人として、古くから伝わる美しい言葉を使える人でありたいですね。

3 補足 日本文化の豊かさを感じさせる

ひとつの場面で使う言葉にも多彩な表現が存在する。それが日本語の特徴の一つである。この特徴は、日本人が持つ繊細な感覚からくるものである。日本語の美しさを味わわせ、日本文化の豊かさを感じさせることで、自らの国に誇りを持って生きる生徒を育てたい。

《参考文献》

『日本の大和言葉を美しく話す』高橋こうじ著（東邦出版）

★長谷川のコーヒーブレイク

大和言葉を扱うなら、万葉集、古今和歌集などにおける大和言葉の使用率を数値で示したい。日本人は自分たちの国の言葉だけで一冊の本を仕上げることができるのだ。こういう国はなかなかない。継承すべき文化である。

4 いつでも話せるようになりたい！テーマ別語り

70 勉強好きになる語り　身になる大人の勉強法

オススメ時期↓ 学期はじめ、目標に向かって努力する習慣を身につけさせたい時　新徳目↓ 克己と強い意志

1 語り①

古田敦也さんという野球選手がいます。すでに現役を引退しましたが、「平成最高のキャッチャーだ」と言われていました。
その古田さんが、「キャッチャーは一日〇回試合する」と言いました。

何回でしょうか。

正解は、「三回」です。一試合目は、頭の中でシミュレーションします。「この選手は要注意だ」「七回あたりが山場だ」などと想定してから、試合に臨みます。二試合目が、本番の試合です。

では、三試合目はいつ行うのでしょうか。

試合終了後、もう一度頭の中でやり直す試合が三試合目です。「この指示がいけなかった」「次はこうしよう」などと、今後に活かすために反省するのです。
古田さんはこのような勉強を、プロになってからも毎日続けました。だからこそ「平成最高のキャッチャー」と言われるようになったのです。勉強は子どもだけがするものではありません。どんな分野でも、第一線で活躍している人ほど、毎日勉強することを大切にしています。

2 語り②

大人になってからも通じる「勉強法三ヶ条」を紹介します。
〈第一ヶ条　目的・目標を決めよ〉

目的とは最終的なゴールのことです。「何のために勉強をするのか」の「何のため」の部分のことです。この目的を明確にすることです。次に、目標を決めます。目的に至るための通過点です。例えば、「医者になって人々を救う」という目的があるとします。「医師になるために○○高校に行く」というのが目標です。このように、自分の中で目的と目標が明確に区別することが必要です。

〈第二ヶ条　潜在意識に刷り込め〉

「流れ星が消えるまでに願いごとを三回唱えると、願い事が叶う」という話を聞いたことがありますか。これは、流れ星が見えた瞬間すぐに言えるほど意識に刷り込まれている願いならば、叶う確率が高いという意味なのです。いつ、誰に聞かれてもすぐに答えられるくらい毎日、強く、真剣に思い続け、追いかけている夢ならば、きっと叶うということです。

〈第三ヶ条　二一日間続けよ〉

「よし、今日から毎日勉強をするぞ！」と思っても、なかなか続かないのが現実です。夢を叶えるには習慣化することが大事。習慣化するには、まずは二一日間続けることです。脳科学の進歩により、人はあることを二一日間続けると習慣化することがわかりました。

これらの方法を身につけておけば、より価値ある人生を歩めるでしょう。

3 補足　具体的な方法論を語る

目標を立てなさいと指導しても、学習者自身の熱意が続かず、挫折してしまうケースが多くある。単に説教するだけでなく、具体的な方法論として前記の三ヶ条を話すとよい。勉強以外にも様々な場面で活用できる。

《参考文献》

『「超一流」の勉強法』中谷彰宏著（ファーストプレス）他

★長谷川のコーヒーブレイク

潜在意識の活用ひとつで本数冊になるテーマだ。結果を出している人は少なからず、潜在意識の力を活用している。例えば、稲盛和夫氏の著書なども参考になるだろう。

5 道徳授業に付け加えたい！世界の偉人、世界に貢献する日本人

71 「日本の偉人」の語り① 世界中の人々を救った 北里柴三郎

オススメ時期↓ インフルエンザの予防について生徒に語る時

新徳目↓ 真理の探究

1 語り① コレラとの闘い

江戸時代、コレラという伝染病が流行りました。感染すると、激しい下痢となって苦しみます。江戸では全人口の四人に一人が亡くなりました。

日本だけでなく、世界中で誰一人、予防の仕方や治し方がわかりませんでした。そんな中、「コレラを何とかしたい」そう強く願った人がいます。北里柴三郎と言います。

明治時代、北里はドイツへ留学しました。ドイツは当時の医学の最先端。様々な知識と技術が集積されている国でした。

そのドイツで、北里は地道な実験を熱心に繰り返します。一日中休みなく実験をする姿は、ドイツの医師、研究者たちを驚かせました。

何百何千と実験を重ねた結果、北里は、世界で初めてコレラの治療法を発見します。この治療法は、コレラ以外の伝染病にも応用できる、人類史上初の大発見でした。

その後、日本で再びコレラが大流行します。しかし、治療法がわかっていたおかげで、多くの人が救われました。コレラ以外の伝染病にも北里の治療法が活用され、世界中の何億人という人の命が救われました。

皆さんもお世話になっている「予防接種」、北里が発見した治療法がもとになっているのです。私たちが大きな病気をしないのも、北里柴三郎という日本の先輩の努力と発見のおかげなのです。

2 語り② 史上最悪の伝染病との闘い

ペストという、世界中で恐れられていた病気がありました。このペストに感染すると、体中が黒く変色し、ほとんどの場合死に到ります。一回の流行で五千万人以上が亡くなったこともある、史上最悪の伝染病でした。

明治時代、香港でペストが流行ります。このままでは日本も危ない。北里は感染の危険を承知で香港に向かいます。

当時の中国では、解剖のためでも遺体を傷つけることは許されない行為で、周囲に知れたら殺されるかもしれません。そのような状況だったので、クーラーもない部屋で、窓を閉め切った状態で、遺体を解剖することになりました。腐った遺体が放つひどいにおい、サウナのような暑さと湿気、多くの小蠅……。北里は劣悪な環境下で研究を続けました。

そして、ついにペストの消毒の仕方や治し方を明らかにするのです。人類が初めてペストと戦う術を発見した瞬間でした。

その後、世界中で研究が進み、現在、ペストは治せる病気になりました。

二〇一五年、ノーベル生理学・医学賞を受賞した大村智氏。二億人の人々を失明から救いました。彼は北里大学の名誉教授です。北里大学は、北里柴三郎が設立した大学です。ノーベル賞授賞式に向かう際、大村氏は「僕は北里先生の思いを背負ってやってきたから」と言いました。

北里柴三郎という、一人の勇気ある日本人の行動と志は、現代にも受け継がれ、世界の人々を救い続けているのです。

3 補足 教科書に載らない日本人を語る

数々の偉業にもかかわらず、北里の知名度は高くはない。同様の偉人は他にもたくさんいる。まずは教師が学び、生徒に語りたい。

《参考資料》
『北里柴三郎の生涯　第1回ノーベル賞候補』砂川幸雄著（NTT出版）
『大村智　2億人を病魔から守った化学者』馬場錬成著（中央公論新社）

★長谷川のコーヒーブレイク

私は教科書に載らない日本人の授業を数多くつくってきた。右の語りは私の授業をベースにしている。日本人の偉業を教えるのは、日本の教師の仕事だ。

5 道徳授業に付け加えたい！世界の偉人、世界に貢献する日本人

72 「日本の偉人」の語り② 今でもインドから愛される 杉山龍丸

オススメ時期↓ あきらめないこと、努力を続けることの大切さを教えたい時 新徳目↓ 国際貢献

1 語り

「〇〇の父」という呼び方があります。「その人がいなければ、この事業はなしえなかっただろう」と、最大限の尊敬を込めて「父」という表現が使われます。

日本人であるのに、日本から遠く離れたインドで「緑の父」と呼ばれ、国民から尊敬されている人がいます。杉山龍丸（すぎやまたつまる）さんです。どんなことをしたと思いますか。

一九六〇年代、インドを大干ばつが襲います。砂漠化が進み、水不足で植物も育ちません。深刻な食糧不足に陥り、多くの人が飢えと渇きにより亡くなりました。

「私は罪もなく死んでいく人をそのままにしておけない」

杉山さんはインドに向かいます。そして、まずは砂漠化している土地に植物を植えることにします。

ここで必要になるのが、広大な土地に木を植えるための資金と人です。募金を呼びかけ、援助を求めましたが、お金は思うように集まりませんでした。「人」についても、いきなり日本から来た杉山さんに、協力してくれるインド人は一人もいませんでした。

杉山さんはどうしたでしょうか。

誰が手伝わなくても、たった一人で地面を掘り、木を植え続けました。太陽の熱に気を失うこともありました。時には自らの飲み水を木に注いで、一本一本植えていきました。

それでも資金が必要になります。杉山さんは自らが持っていた土地や財産を売り、挙句に自宅までも売り、資金を確保しま

した。

毎日、自らの財産と命を削って木を植え続ける杉山さん。その様子を見てインドの人たちの中に変化が生まれます。手伝ってくれる人が増えていったのです。その人たちをまとめた合言葉がありました。それは、「どっこいしょ」という言葉です。杉山さんの声に合わせて、現地の人も声をそろえての「どっこいしょ」と言うかけ声がインドの空に響きました。

七年後、杉山さんが木を植えた一帯は緑豊かな土地に変わりました。

さらに、杉山さんはインド全体の砂漠化を食い止めるために、木を植える場所を広げていきます。最初はたった一人で始めた植樹作業も、その頃には多くの協力者との共同作業になっていました。

一時期、一年で百万人以上の餓死者を出していたインドは、一九七〇年には、米の自給率一〇〇％を達成します。二〇一六年は世界第三位の輸出量でした。

広大な砂漠を緑に変え、インドを救った杉山さんは、今でも、「緑の父」と呼ばれています。そのような日本人の先輩がいるのです。

2 補足 偉大なる先人の存在を子どもたちに語り伝えていく

日本では知られていないが、外国で「父」と呼ばれ尊敬されている日本人が複数存在する。偉大なる先人の存在を子どもたちに語り伝えていく。これも教師の仕事である。語る際には、杉山氏に関する書籍や映像を確認し、本人の功績について事前に知っておくとなお良いだろう。

《参考資料》『グリーン・ファーザー――インドの砂漠を緑にかえた日本人・杉山龍丸の軌跡』杉山満丸著（ひくまの出版社）

★長谷川のコーヒーブレイク

この語りのポイントは、「父」という呼び名が、最大限の賛辞であることを最初の時点で確認することである。その布石が、後になって効いてくる。語りも授業と同じく、組み立てが肝要なのだ。

73 「日本の偉人」の語り③ 現代男性編 中村《なかむら》 哲《てつ》医師のアフガニスタンでの事業

オススメ時期↓ 日本の国際貢献について共に考えたい時
新徳目↓ 国際貢献

1 語り

日本から遠く離れた、アフガニスタンという国があります。ここでは今も、紛争やテロ行為が続いています。また、雨が降らない年が続き、作物も育ちません。深刻な水不足と食料不足により、多くの人々が苦しみ、命を落としています。

この現状を何とかしようとした人が、日本人医師の中村哲さんです。医師ですから、治療もしますが、それ以外に行ったこともあります。

どんなことを行ったでしょうか。

用水路工事です。遠くにある大きな川から水を引いてくることで、飲み水や畑に蒔く水を確保しようと考えたのです。

しかし、中村さんはお医者さんです。当然工事については素人でした。必要な知識を得るために行ったのは、高校の数学の教科書から勉強しなおすことでした。

そんな中、悲劇が起こります。一〇歳の息子が脳の病気で亡くなる。一緒に用水路をつくっていた日本人の仲間も殺される。アメリカが行うアフガニスタンへの空爆も激しくなり、中村さん自身も危険な状況になります。

中村さんはそれでも活動を続けます。

なぜそこまでして活動を続けるのでしょうか。

中村さんは言います。

「泣いている子どもがいたら、『どうしたの?』って声をかけるじゃないですか。それと同じです」

困っている人たちがいたら助けるのは当たり前のことだというのです。
現地の人たちと共に、自分自身も工事に参加し、一緒に汗を流して働き、七年後、とうとう用水路を完成させました。

工事の素人である中村さんがつくった用水路は、どれくらいの長さでしょうか。

二四㎞という長さです（学校からどれくらいの距離になるのかを伝えるとよい）。七年という年月をかけて完成させた用水路で、一六万人分の食料が作れるようになりました。荒れ果て、乾ききっていた土地も、緑色の田畑に変わったのです。人々に食べ物と水がいきわたり、笑顔が戻りました。
この出来事は、「ガンベリー砂漠の奇跡」といわれ、世界中で賞賛されます。その奇跡を起こし、多くの人たちを救ったのが、私たちと同じ日本人の中村哲さんだったのです。

2 補足 語りを視覚化する

「ガンベリー砂漠の奇跡」と検索すると、砂漠の地が緑化した写真が出てくる。写真で変化を見せたり、海外からの反応を紹介したりするとなおよい。

《参考文献》
『天、共に在り アフガニスタン三十年の闘い』中村 哲著（ＮＨＫ出版）
『医者、用水路を拓く』中村 哲著（石風社）

★長谷川のコーヒーブレイク

語りの後は日常的にできる利他の活動を次々挙げさせたい。いつか来るその日を待つのではなく、今生きている一日一日に何ができるかを共に考えるのである。

5 道徳授業に付け加えたい！世界の偉人、世界に貢献する日本人

74 「日本の偉人」の語り④ 現代女性編 夢を叶えたアーティスト アニャンゴ

オススメ時期↓ 挫折・心が折れそうな時／将来を考える時／進路に悩む時
新徳目↓ 克己と強い意志

1 語り

向山恵理子さんという女性がいます。夢はミュージシャンになることでした。その夢を叶えるため、アメリカへ旅立ちます。しかし、その日、アメリカで超高層ビルが爆破されるという大きなテロ事件が勃発します。恵理子さんは目的地のニューヨークに行くことなく、日本へ戻されてしまいます。夢破れ、落ち込んだそうです。

みかねた友人がライブに誘ってくれました。行ってみると、そこには、次から次へと変化する怒涛のリズムと、体を動かさずにはいられない強烈な太鼓のビートがありました。それは、ケニアの音楽でした。彼女は一瞬でほれ込み、「ケニアに行って音楽の勉強をしたい」と思うようになりました。

衛生面や治安が日本よりも不安定なアフリカへの渡航。親は猛反対します。心配する両親に対して、恵理子さんは手紙にこう書きました。

「私もプロとして人間として一人前になりたいのです。苦労を買ってでもしたいのです。一人の大人として社会で立派な仕事をするためです。その覚悟を持って選んだ道です。必ず成長し、生きて元気に帰ってきます」

彼女はケニアへ渡りました。そこでニャティティという楽器に出会い、プロのニャティティ奏者になるために、大師匠に弟子入りしようとします。

しかし、返ってきた言葉は「女性には教えない」「外国人はだめだ」。ニャティティという楽器は、現地民族の選ばれた男性だけが演奏することを許された楽器なのです。しかし、恵理子さんはあきらめきれません。

弟子入りを認めてもらうため、どんなことをしたでしょうか。

村に住み込むことです。言葉も通じず、電気も水道もお風呂もトイレもない環境ですが、恵理子さんは決意しました。

村での生活が始まりました。往復一時間かけて水くみをし、五リットルの水で水浴びから洗濯までする。たきぎ拾い、食事作り、言葉を一つ一つ教えてもらいながら、村の人と同じことをして暮らしました。

住み込んで二か月。恵理子さんがニャティティを弾いていると、「そのまま弾き続けなさい」と言われました。弟子入りが認められたのです。大師匠からの指導は厳しいものでした。生まれて初めて聞くニャティティのフレーズとルオー語の歌を、超高速で二、三回やってみせては、すぐに「弾きなさい」「歌いなさい」と言われます。ニャティティを自分自身のものにするかどうかは、集中力と粘り強さと根性にかかっていました。

毎日努力を重ねて六ヶ月後、ニャティティ奏者の認定試験に合格します。世界初の女性ニャティティ奏者となり、アニャンゴという名をもらいます。大師匠は言います。「世界中に出かけて行ってこの楽器を奏でてきなさい。私のいけない所まで、あなたが行って、この楽器を奏でてきなさい」大師匠の言葉を胸に、アニャンゴさんは世界中の様々な場所で活躍しています。雑誌「ニューズウィーク」では「世界が尊敬する日本人」として大きく掲載されました。

アニャンゴさんは、今も、さらなる夢に向かって歩み続けています。

2 補足 なりたい自分に向かって、あきらめずに挑戦し続ける

「自分はいったい何者なのか、どうやって生きていくつもりなのか」、アニャンゴさんも十代の頃に悩み歩んだ。夢を持ち、なりたい自分に向かって、あきらめずに挑戦し続けたことを語りたい。

《参考文献》『夢をつかむ法則』向山恵理子著（角川学芸出版）

★長谷川のコーヒーブレイク

こういう成功譚の主人公は多くの場合男性である。女子生徒には、右のような女性のエピソードがより響くはずである。貴重な語りとなるだろう。

5 道徳授業に付け加えたい！世界の偉人、世界に貢献する日本人

75 日本を好きになる語り① 「震災の時に世界が感動した日本人」

オススメ時期↓ 東日本大震災が起こった三月一一日／避難訓練の時

新徳目↓ 国を愛する態度

1 語り

二〇一一（平成二三）年三月一一日一四時四六分、のちに東日本大震災と名づけられる大地震が起きました。震災による死者・行方不明者は一万八千人以上、建築物の全壊・半壊は合わせて四〇万戸になりました。この地震によって生じた津波による、福島第一原子力発電所の爆発事故も起きました。

これから紹介するのは、東日本大震災が起きた日から数日間に発信された様々な人たちの「声」です。

■日本って世界一温かい国

四時間の道のりを歩いているときに、トイレのご利用どうぞ！と書いたスケッチブックを持って、自宅のお手洗いを開放していた女性がいた。日本って、やはり世界一温かい国だよね。あれ見た時は感動して泣けてきた。

■ありがとう

駅員さんに「昨日一生懸命電車を走らせてくれてありがとう」って言ってる小さい子たちを見た。駅員さん泣いてた。俺は号泣してた。

■ディズニーランドでの出来事

ディズニーランドでは、ショップのお菓子なども配給された。ちょっと派手目な女子高生たちが必要以上にたくさんもらってて「何だ？」って一瞬思ったけど、その後その子たちが、避難所の子どもたちにお菓子を配っていたところ見て感動。子ども連れは動けない状況だったから、本当にありがたい心配りだった。

■国連からのメッセージ

国連からのコメント「日本は今まで世界中に援助をしてきた援助大国だ。今回は国連が全力で日本を援助する」に感動した。

良い事をしたら戻ってくるのです。これがいい例なのです。
■渋滞した交差点での出来事
一回の青信号で一台しか前に進めないなんてザラだったけど、誰もが譲り合い穏やかに運転している姿に感動した。複雑な交差点で交通が五分以上完全マヒするシーンもあったけど、一〇時間の間お礼以外のクラクションの音を耳にしなかった。恐怖と同時に心温まる時間で、日本がますます好きになった。
■外国人から見た日本人
外国人から見た地震災害の反応。物が散乱しているスーパーで、落ちているものを律儀に拾い、そして黙って列に並んでお金を払って買い物をする。運転再開した電車で混んでるのに妊婦に席を譲るお年寄り。この光景を見て外国人は絶句したようだ。本当だろう、この話。すごいよ日本。
■イギリスBBCの報道
本当に感動。泣けてくる。BBCめっちゃほめてる。

地球最悪の地震が世界で一番準備され訓練された国を襲った。その力や政府が試される。犠牲は出たが他の国ではこんなに正しい行動はとれないだろう。日本人は文化的に感情を抑制する力がある

2 補足　エピソードをそのまま読み聞かせる

これらのエピソードは、東日本大震災の直後に発信されたものである。教師が解説を加えるよりも、その当時の状況を伝えるエピソードをそのまま読み聞かせたほうが伝わるものが多い。教室で実施した際、生徒は真剣な感想を発表した。その後もしばらく余韻が残り、それぞれが何かを考えている様子だった。

★長谷川のコーヒーブレイク

震災の記憶を風化させないために教師にできることは、例えば当時のエピソードを語ることであり、防災・減災の授業をすることである。

5 道徳授業に付け加えたい！世界の偉人、世界に貢献する日本人

76 日本を好きになる語り②「外国から見た日本の素晴らしさ」

オススメ時期→ 長期休業明け／子どもがだらっとしている時 新徳目→ 国を愛する態度

1 語り

日本に住んでいるとなかなか気づかないことがあります。日本を訪れた外国人が、日本で体験した、日本の良さを発信しています。

① **外国人たちが語る日本人の特別な親切心**

■日本語を知らない状態で一人きりで行った。トウキョウ、キョウト、オオサカ、ヒロシマ、ナラと、一五日間にわたって旅してきたけど、何度も道に迷った。だけど、道に迷ったおかげでわかったの。日本人は世界一親切な国民だって（国籍不明）。

■目的地を英語と日本語で書いたカードを持ち歩くようにしてるの。カードを見せながら、「スミマセン、コレワドコデスカ？」って日本人に訊ねれば、行きたい場所に行けるよ。地球上に日本人より親切で面倒見のいい国民は、他にいないとわたしは思ってます（ニュージーランド）。

■自分もトウキョウの地下鉄で迷ったんだ。その時、一人の日本人がホテルまで連れてってくれた。歩いて二〇分かかる道のりをわざわざ一緒に……。日本の文化に敬意を覚えたね（タイ）。

② **ものを落とした時のエピソード**

■日本旅行の初日、ナリタでJRのパスを失くしたんだ。新幹線を含めて、JRの鉄道を自由に利用できるパスね。そこら中を探して、通ってきた道をくまなく探したんだ。でも見つからず、諦めて新しいのを買おうとしたんだ。それで切符売り場に行って、駅員に自分の名前を伝えたら、後ろのデスクをチラッと見て、そこに置いてあった俺のパスを渡してくれた。誰

かがその駅の事務所に届けてくれてたわけだよね（南米）。

■日本に五年間住んでたけど、日本人のこういった行為は一〇〇％その通りだって保証するよ。「誰も見ていなくても正しいことをする」っていうのは、日本国民が持っている、一番素晴らしいものだ！（ブラジル）。

③ 先祖代々引き継がれる素敵な日本

■イザベラ・バード（明治一一年来日、日本各地を旅した女性）

「ヨーロッパの多くの国々や英国でも、外国の服装をした女性の一人旅は、無礼や侮辱の仕打ちにあったり、お金をゆすりとられることがあります。ここ日本で私は、一度も失礼な目にあったこともなければ、過当な料金をとられた例もありません。群集にとり囲まれても失礼なことをされることはありませんし、馬子は私のことを絶えず気をつかい、荷物は旅の終わりまで無事であるようにと細心の注意をはらってくれました。

日本では孝行が何よりの美徳で、何も文句を言わずに従うことが、何世紀にもわたる習慣となっているようです。英国の母親たちが子どもを脅して、いやいやながら服従させるような光景は、日本には見られないのです」

日本人は先祖代々、素敵な日本を受け継いでいるのですね。

2 補足 そのまま淡々と読み聞かせるだけでよい

外国人の発信から、日本人の良さに気づかせ、自分らの行動を振り返らせたい。余計な説明を入れず、そのまま淡々と読み聞かせるだけで、発信者の心情が十分伝わるだろう。

《参考文献》『パンドラの憂鬱』 http://kaigainohannoublog.blog55.fc2.com/
『日本奥地紀行』イザベラ・バード著（平凡社）

★長谷川のコーヒーブレイク

生徒個々の考える日本の良さを箇条書きさせ、発表させた後に右の語りをすると良い。自分たちの気づいていない素晴らしさに、外国人が気づき、書き残しているという組み立てである。

5 道徳授業に付け加えたい！世界の偉人、世界に貢献する日本人

77 日本を好きになる語り③ 「いろいろな国から聞こえてくる日本への感謝の声」

オススメ時期→ 世界の中の日本、日本の国際貢献について学ぶ時　新徳目→ 国際貢献

1 語り

二〇一一年三月一一日。何が起こった日ですか。

東日本大震災です。大きな被害を受けた日本へ、世界各国から支援が寄せられました。

> 世界約一九〇カ国中、支援をしてくれた国は、何ヶ国でしょうか。

（何名か指名して言わせる）。

一六三ヶ国。世界中の九割近くの国が、日本を助けようと様々な支援をしてくれました。中には、自分の国が貧しくて大変な状況であるのに、支援をしてくれた国もあります。

> なぜ、これほどの国々が、日本を支援してくれたのでしょうか。

（数名指名して言わせる）。

ある国は、援助を「日本への恩返し」と表現しました。「恩返し」ということは、日本が今まで何かしてきたということです。どんなことをしてきたのでしょうか。

例えば、災害が起きた際、海外の被災地に救助に行きました。紛争が起こっている場所では、安全やライフライン確保のために危険を顧みず働きました。途上国にはたくさんのお金の援助をしました。

さらに、他国に支援に行った時の姿も、全世界から注目されています。中国で大地震が起こった際には、日本の救助隊が遺体に黙とうする姿が報道されました。その姿を見て、家族を亡くした女性は「たとえ遺体であってもひと目会えました。日本

の救助隊の多大なるご苦労に対し、深く感謝します」と感謝の言葉を述べました。

日本では国としてだけではなく、個人や民間団体もまた、様々な形で貢献を続けてきたのです。

イギリスのBBCという報道機関が調査し発表した「世界に良い影響を与えている国」のランキングがあります。日本は何位だと思いますか。震災の翌年、二〇一二年のランキングでは日本はなんとナンバー1。その後も常に上位をキープしているのです。私たちの先輩の努力が、今回の世界中からの支援につながったと言えるでしょう。

世界から評価されている私たちの国、日本。日本人として、誇りを持って生活していきたいですね。

2 補足「情けは人の為ならず」

東日本大震災時の各国からの支援について、日本人が行ってきた国際貢献とセットにして語りたい内容である。

非常時に見られた世界各国からの支援は、自分たち（日本）が行ってきたことへの恩返しである。「情けは人の為ならず」という日本人の精神が国同士の関係でも表れた一つの例と言えるだろう。

また、四川省大地震における我が国の救助隊の事例のように、日本が他国へ支援に行った際のエピソードもまたたくさんある。教師がアンテナを高くし、子どもたちにいざというときに語れるように準備をしておきたい。

《参考文献》
『views of different countries' influence』BBC WORLD SERVICE

★長谷川のコーヒーブレイク
こちらが先に与えているから、いざという時に与えられるのである。我が国の国際貢献については更に多くを語り得る。調べてチャレンジしてほしい。

6 身近だからこそ響く！　先輩・大人のナマの声

78 素直に言えないありがとう①　大人だから語れる「俺も昔は言えなかったなあ……」

オススメ時期↓　お弁当持参の日など　新徳目↓　家族愛

1 語り

「お弁当ありがとう！」「送り迎えありがとう！」

あなたは、家族に感謝を伝えていますか。

私が中学生だった時のことです。ある先生に言われた言葉があります。

「感謝の気持ちは、言葉にしないと伝わらないんだ」

しかし、中学生の頃の私は、感謝の気持ちを言葉にして伝えることがあまりできませんでした。照れくさかったからです。恥ずかしかったからです。言葉にしなくても、家族には伝わっていると思っていました。

「素直じゃなかったなあ……」今ではそう思えます。

高校生になりました。給食がないので、毎日お弁当持参です。母は、毎朝早起きして、私にお弁当を作ってくれました。「ありがとう！」と心の中では思っていました。でも、その言葉を口にすることはなかなかできませんでした。感謝の言葉を述べる代わりに、「おかずが昨日と一緒だった」、「冷凍食品が多かった」などと、文句を言ってしまったこともありました。

お弁当を作ってもらうことを当たり前と考えていたのです。

私の通う高校は、自宅から遠かったので、父はその一部の区間を送り迎えしてくれました。父に対しても、心の中では「ありがとう」と思っていました。でも、その言葉を口にすることもほとんどなかったのです。

送り迎えをしてもらうことを当たり前だと考えていたのです。

大学生になりました。私は県外の大学に進学したので、一人暮らしを始めました。

一人暮らしをして、わかったことが三つありました。

一つ目は、毎日毎日、食事を作ってくれていた母が、いかに大変だったかということ。二つ目は、毎日決まった時間に決まった場所に送り迎えをしてくれていた父が、いかに大変だったかということ。そして三つ目は、父や母は、私から感謝の言葉がほとんどなかったにもかかわらず、ずっとずっと、そのことを続けていてくれたということです。何か見返りがあるから送り迎えをしたり、お弁当を作ったりしていたわけではないのです。

教師になって、生徒から「ありがとうございます！」といわれて気がついたことがあります。感謝の言葉を言ってほしくて、様々なことをしているわけではないけれど、感謝の言葉を言ってもらえると、とても嬉しいのです。さらに頑張ろう、もっと努力しようという気持ちになるのです。

中学生の時に言われた「感謝の気持ちは、言葉にしないと伝わらないんだ」という言葉の意味が、今ではとてもよくわかります。

反抗期を迎えた皆さんは今、家族に対して、いろいろな思いをもっていることと思います。それでも、お弁当、送り迎えなどに対しては、「ありがとう」と、一言でいいので伝えてほしいと、私は思うのです。

2 補足 感謝の言葉を伝えようとする気持ちを起こさせる

当たり前だと思っていることが当たり前でないことに気づかせ、感謝の言葉を伝えようとする気持ちを起こさせる語りである。教師が自分の体験を語ることが大事であり、また、教師が生徒に、あるいは教師が教師に、「ありがとうございます」という言葉を伝えている姿を見せることもまた大切である。

★長谷川のコーヒーブレイク

「どの教師よりどの生徒より、先生は『ありがとう』と言いますね」以前担任した生徒に言われた言葉だ。ひとりではない。毎年複数から言われる。生徒は大人を良く見ているのである。

79 素直に言えないありがとう② 親のホンネ「親だってある、素直に言えないキモチ」

オススメ時期→ 立志の会を準備する時　新徳目→ 家族愛

1 語り 親だって、素直に言えないことがある

あるお母さんが書いた文章です。

毎日、娘の通う学校から電話がかかってきます。リーンという音が鳴るたびに、「またか、出たくない」と思いました。謝ればいい、頭ではそう思っても、電話越しでいろいろ言われると我慢のできないこともありました。

そんな日々の中、遠足が近づいてきました。班で行動するというし、安心できる仲間同士ではないようだし、何事もなく過ごせるのだろうか、心配ばかりつのります。

お弁当に手紙を忍ばせようと思いました。それは「母ちゃんのにぎりめし」という話を思い出したからです。弁当を広げる時くらいは、心に余裕があるだろうと思って、手紙を書きました。

「さっちゃん、みんなとなかよくたのしんでいますか。目玉おやじがさくらちゃんのことをみつめていますよ！今日何があったのかじっくり聞くからね。たのしみにしているよ」

大きなおにぎりに、きゅうりの漬物を目玉に見立てぎゅっと握りました。

帰ってくると、「かあさん、手紙ありがとう。仲良くできたよ。なんにもなかったよ」その言葉を聞いて安心しました。

お家の人だって、面と向かうとどうしても思いを言葉にできない時があります。このお母さんは、その気持ちを手紙にして伝えたのですね。

このお母さんが書いた別のお話です。

私の母は強い人でした。「為せば成る。後悔先に立たず」事あるごとに言っていました。私が、どんなに泣き言をいっても、弱音をはいても、最後にはその言葉です。そういう母は、ニット編みをしていて、地域の先生でもありました。デザインから

考え、糸を選び、ものすごい速さで編んでいきます。月に一度、東京の講習に行き、毎月一着の服を編んでいました。

講習の日に合わせて、私は娘のさっちゃんを連れて、上野で会うことにしました。久しぶりに会う母は、少し痩せて、ちょっと息が苦しそうでした。「医者へ行ったの」と聞くと、「更年期なんだよ」とだけ返ってきました。初孫を喜び、抱っこしあやしてさっちゃんのことをかわいがっていました。

母は、孫ができた後、毎週一枚の絵手紙を送ってきました。筆や万年筆も好きだったのです。「さっちゃんがお話ができるようになった時、この絵はがきを見ながらしゃべりたいんだ」と言っていました。

ある日電話が鳴りました。危篤。手をさすり、足をさすり、やせ細り変わり果てた母。声を出そうとすると涙がこぼれそうで何も話しかけられませんでした。でも今言わなければ……何度も口に出そうとしましたが言えませんでした。「ママのもとに生まれてきてよかったよ」このたった一言がです。

「自分の人生を生きなさい。為せば成る。後悔先に立たず」

何度も聞いたその言葉は耳の奥でリフレインしています。

大人でも素直になるのは難しく、それで後悔することもあります。あなたは、今、素直になれていますか。今、伝えたい言葉は何ですか。

2 補足 親の気持ちについて考えさせる

対面すると気持ちを素直に言えないことがある。「親思う心にまさる親心」とはよく言ったもので、親は子どもがいくつになっても思いやり、心を配っている。何かの節目には、このようなエピソードを通して、親の気持ちについて考えさせるのもいいだろう。

《参考文献》「母ちゃんのにぎりめし」東井義雄（『致知』一九八六年四月号）

★長谷川のコーヒーブレイク

親子の間柄の潤滑油となる。腕のある教師ならば、それができる。何をするのか。親子のコミュニケーションの場を設定するのである。

6 身近だからこそ響く！ 先輩・大人のナマの声

80 大人が語る「今でも続く学生時代からの『ダチ』との絆」

オススメ時期↓ 友達関係に悩む生徒がいる時

新徳目↓ 友情・信頼

1 語り

高校2年生の時、私はバスケット部に所属していました。同じ学年の仲間が六名しかいませんでしたが、少人数でも毎日懸命に練習していました。

そんなある日、同じ学年の仲間であるA子が、突然「部活を辞める」と言い出しました。

県大会出場を目指し、毎日一生懸命練習を重ねていた私たちにとっては、まさに寝耳に水でした。今まで誰もA子からそんな話を聞いたことがありません。なぜ突然そんなことになってしまったのかと困惑しました。

A子に話を聞くと、「勉強との両立が厳しい」と言います。確かに勉強しなければいけないプレッシャーはありましたが、その状況は皆同じです。今まで人一倍、熱を持って練習していたA子の言葉とは思えませんでした。

ある子は「A子が決めたのだから仕方ない」と言いますが、別の子は「相談もなしに辞めるなんておかしい」と言います。

そこで、A子を含めた六人で話をする場を設けることにしました。

「A子を責めるのではなく、なぜ突然辞めるという選択肢になってしまったのか、話を聞きたい。そして、原因が解決できるのであれば、一緒に引退までバスケットを続けたい」というのが、メンバーの願いでした。

話し合いの日、A子は緊張しながらも自分の思いを語り始めました。

自分なりに一生懸命やっているけれども、部活も勉強もうまくいかないこと。仲間がどんどん上達する姿を見て、自分だけ取り残されてしまっているようで不安になること。部活の他にもやりたいことがあること……。

まずはA子の話を全員で聞き、そのうえでお互いの気持ちを述べ合いました。試合に出られていたA子をうらやましく思っていること、勉強のことで親に叱られながらも部活に励んでいること……。

「皆同じ状況でがんばっている、今までも辛い練習を一緒に乗り越えてきたのだから辞めてほしくない」という思いを、それぞれが涙ながらに伝えました。

私は、自分の気持ちを伝えると共に、A子のよくない面も指摘しました。辛くなると逃げる癖があること、自分の行為を正当化して言い訳をしてしまうこと、A子のこれからにとってマイナスになる、と思ったことについては、「止めたほうがいい」とはっきりと伝えました。

A子にとっては耳の痛い言葉だったと思います。それでも、そのときに関係が壊れたとしても、伝えなければと思ったのです。

A子は、一ヶ月ほど悩んだのですが、結果として部活を辞めてしまいました。しかし、最後の最後まで話し合い、伝え合うことができたので、関係が崩れることなく、笑顔でつきあうことができました。

引退試合の日、顧問の先生や後輩に頼み込み、A子はマネージャーとしてベンチに入りました。A子も含めた全員で、涙の引退を迎えることができました。

私たちは、大人になった今でも、関係が続いています。互いの本音をぶつけ合ったからこそ、続いているのだと思います。相手のことを真剣に考えるのならば、相手が聞きたくないことでも伝えるべきことは伝え、本音のつきあいをすることが真に大切なことだと私は思っています。

2 補足　成功談にせよ、失敗談にせよ、大人の体験談を話す

今、本気でコミュニケーションを取れる子どもが減ってきている。成功談にせよ、失敗談にせよ、大人の体験談を話すことで、その大切さを伝えられたらよい。

★長谷川のコーヒーブレイク

単なる美談でなく、右のエピソードのように、これからを生きる者にとって役立つ思想や術が込められている話が良い。

6 身近だからこそ響く！　先輩・大人のナマの声

81 不器用だけど全力だった中学友情物語

オススメ時期↓　友達について考えさせたい時　新徳目↓　友情・信頼

1 語り① 無駄なことのほうが強く思い出に残る

中学生の頃の生活で鮮明に覚えているのは、部活の試合で勝ったことや合唱祭の練習をがんばったことです。特に印象深いのは、友達とわいわい行った「特段の意味もないくだらないこと」や「思い切ってバカをやったこと」です。

例えば、「自転車で海を目指して百キロ往復した」「一〇対一〇で雪合戦をした」「秘密基地を作った」「一〇円ガムをあたりが出るまで買い続けた」「屋根に上って初日の出を見た」……などなど数えきれません。

成人式で再会したときも、話題はそんな思い出ばかりでした。

> 中学生の時にした「特段の意味もないくだらないこと」や「思い切ってバカをやったこと」は、何年経っても酒の肴になるような、色褪せない思い出になります。

友達と一緒に、人に迷惑がかからない範囲で楽しい思い出をたくさんつくってみましょう。さて、何をしましょうか。やんちゃな○○君、いかがですか。

2 語り② みんな同じことを思っている

中学三年生の夏休み、空き地に集まり、日の入りまで鬼ごっこしたり、当時、流行っていたバンドの歌を大合唱したり、中学生なりに何時間もいろいろなことを語り合ったりしました。

遊びに遊んで静かになると、皆口々に「進学どうしよう、できるかな」「将来、仕事できるかな」「彼女、奥さんできるかな」「なんかどうしようもなくこれから不安なんだよね」と「自分の将来への不安」ともらすのでした。

普段は強がっているアイツも、門限までには帰宅して何時間も真面目に勉強しているアイツも、それぞれが将来を不安に思っていたのです。

もちろん私も不安を感じながら毎日を過ごしていました。

お互い、将来はどうなるんだろうな。不安だけど、楽しみでもあるな。そんな話を真剣に語る友達の表情を、今も覚えています。

今この話を聞いている皆さんの中にも、漠然とした不安を感じながら過ごしている人がいることでしょう。

> 安心してください。日本全国津々浦々に生きる皆さんの同級生も、心のどこかで同じように不安や悩みを抱えながら生きています。

中学生のほとんどが、そんな不安を感じながら過ごしているのです。

中学校を卒業し、今年で○年が経ちました。空き地で語り合った仲間たちは大学に残って研究したり、良き父親になったり、毎日バリバリ仕事をしたりしています。

当時はとても不安でしたが、皆しっかりと生きる大人になりました。

今思うと、大なり小なり不安を抱えながら悶々とした気持ちで過ごしていた中学三年間はいい思い出です。皆さんの中学校生活がそんないい思い出になることを心から願っています。

3 補足 生徒は、教師自身の経験談や思い出話を待っている

「くだらないこと」で笑いながら、失敗談も含めて語るとよい。生徒は、教師自身の経験談や思い出話を待っている。

> **★長谷川のコーヒーブレイク**
> 既に行った「くだらないこと」や「思い切ったこと」を、次々と発表させるのだ。これは盛り上がる。共に笑い合ったのちに、「不安」について語ってやる。この組立を勧める。

6 身近だからこそ響く！　先輩・大人のナマの声

82 大学生が振り返る　中学男子の熱い姿・中学乙女のしぐさ

オススメ時期↓ バレンタインデーやクリスマスなどのイベントの前後

新徳目↓ 友情・信頼

1 大学生の声

《男子に聞いた、思わずドキッとした中学生女子の言動》

◆こちらの気持ちを理解してもらえたとわかる、優しい表情やうなづき
◆静かに読書をしている姿
◆誰にでも分け隔てなく接している姿
◆放課後、委員会の仕事が終わった後、教室の机の上に置いてあった「お疲れさま」の手紙
◆合唱コンクール前、黙々とピアノを弾いている姿

《女子に聞いた、思わずドキッとした中学生男子の言動》

◆くしゃっとして笑った顔
◆清潔感あふれる身だしなみ（ハンカチなど）
◆歩幅を合わせてくれる配慮
◆授業にも行事にも精一杯取り組む姿
◆こちらの名前を呼びながら微笑むしぐさ
◆試合前、コートを見つめる真剣な表情
◆たった一人でも動じない、堂々とした姿
◆さりげない優しさ（重いものを持ってもらった時）
◆普段は面白い！でも「やる時はやる」まじめな姿

2 語り

「人は見た目が大事」と言われます。見た目が相手に与える印象は想像以上に大きいものです。心理学でも根拠を挙げて説明されています。

恋愛についても、見た目が関わってくることは否めません。ですが、「美人は三日で飽きる」という言葉もあります。いくら見た目が良くても、それだけでは慣れてくれば飽きますし、思わぬ言動で気持ちが冷めたりすることもあるかもしれません。

逆に、見た目に関係なく、相手の言動にドキッとすることもあるでしょう。「中学時代、異性のどんな言動にドキッとしたのか」について、大学生に聞いてみました。

中には共通点がありました。例えば、男子、女子共に「ドキッ」とするのは、相手が何かに真剣に取り組む姿です。女子が読書やピアノに黙々と取り組む姿。普段はふざけている男子が試合や行事の時に真剣に取り組んでいる姿。それぞれ胸を打つものがあるようです。

もう一つは、相手への思いやりです。委員会の仕事から戻ると、クラスの女子からの「お疲れさま」という手紙が置いてあった。重い荷物を運んでいたらさりげなく持ってくれた。そういう優しさは相手の心に響くということですね。

何かに一生懸命に打ち込むこと、周囲に優しくすること、どちらも人として魅力的ですよね。反対に、異性の目ばかり気にしてかっこつけている姿は、逆にかっこ悪く映ることでしょう。どんな言動が魅力的か。一緒に考えてみましょう。

3 補足　魅力の中身を具体的に語る

中学生にとって関心が高い「男女関係」「恋愛」というテーマである。同性にとって魅力的な人は、異性にも人気が高い。その魅力の中身を具体的に語ってやりたい。

★長谷川のコーヒーブレイク

「見た目」とあるがこれは生まれつきの顔貌、身長やスタイルに限った話ではない。大学生の声にもあるように、清潔な身だしなみもきわめて重要だ。そこを押さえて、真剣さや優しさのかっこよさを語り合いたいものだ。

6 身近だからこそ響く！ 先輩・大人のナマの声

83 大学生が語る「中学恋愛の失敗談」「中学恋愛の美しい思い出」

オススメ時期↓ 恋の噂を耳にするようになった時 新徳目↓ 友情・信頼

1 語り① 誰かを好きになるのは当たり前

皆さんの中にも「なんか気になるな」とか「好きだな」と思う相手がいるかもしれません。もちろん「まだ今はそういう対象がいない」という人もいるでしょうね。

中学時代は身長が伸びたり、声変わりしたりするなど、体が急成長し、脳が再構築され始めることで心も大きく変わっていく時期です。皆さんぐらいの年齢になると、誰かを好きになることを当たり前のように経験します。

私が中学生の時も、周りの友達の多くは好きな人がいました。私自身も、です。「誰が好きなのか」といった恋の話で盛り上がることもありました。ですが、うっかり友達の好きな人を別の人に暴露してしまったことがありました。「内緒だ」と言われていたにもかかわらず、です。

その友達との関係はどうなったでしょうか。

暴露してしまったことをきっかけに、私の好きな人も公にされ、関係は悪化してしまいました。

人を好きになるのは、人として当たり前のことです。でも、秘密めいたテーマでもあります。だからこそ話題にしたくなるものです。

もし友達に好きな人ができたら、からかったり暴露したりするより、そっと応援してあげましょう。噂を耳にしても、面白がって言いふらすことはせず、そっとしておくのがよいでしょう。

2 語り② 告白は面と向かって

恋愛話で盛り上がるのが、「告白をどうするか」ということです。私が中学生の頃は、呼び出して、面と向かって告白するか、ラブレターを書いて相手の机に入れるか、それ以外に方法はなかったと思います。私自身、告白しても受け入れられず悲しい思いをしたことがあります。もちろん今では良き思い出です。

最近では、電話やメールで済ませてしまうことも多いと聞きました。ですが、それはあまりいいことではないようです。たった一つのメールで告白をしても、相手には現実感がないようなのです。また、告白に対して拒否する返信をしても、安易な断り方がストーカー被害につながることが少なくないと聞きます。必要以上にことをもつれさせないためにも、携帯電話で気軽に告白したり断ったりせず、面と向かって伝えられるといいでしょうね。

相手も勇気をもって告白しています。だからこそ、受け入れる場合も断る場合も、誠意をもって自分の気持ちを伝えてあげましょう。

また、もし付き合うことになったら、長続きさせる秘訣があります。

> 相手のことを第一に考えること

「好きだ」という気持ちに任せて自分勝手に振る舞う人は、長続きしないようです。恋愛は人間関係の勉強でもあります。最後に、中学生はやるべきことがたくさんあります。それらを放っておいて恋愛だけに夢中になると、周りが応援してくれません。せっかくお付き合いできたなら、お互いにいい影響を与え合えるといいですね。

3 補足　恋愛関係のトラブルを予防する

中学時代は恋愛関係のトラブルが多い時期でもある。全体に語る内容、個別に語る内容、どちらも持っておくとよいだろう。

★長谷川のコーヒーブレイク

私は恋愛関係などの個人の事情を学級に持ち込むなと教えてきた。公の場と私の場。立ち居振る舞いの違いを教えるのも教師の仕事である。

6 身近だからこそ響く！ 先輩・大人のナマの声

84 中学生でもここまでやれる！超一流の生活習慣―男子編

オススメ時期↓ 勉強と部活の両立について考えさせる時

新徳目↓ 向上心・個性の伸長

1 語り① 天才中学生プログラマーが手を抜かないこと

山内奏人（やまうちそうと）君、一五歳の中学生（二〇一五年）です。彼は、中学生ながら、すでに「プログラミング」といって、パソコンを動かすソフトをつくる仕事をしています。

奏人君は、一〇歳の時に両親から古いパソコンをプレゼントされます。それ以降、独学でプログラミングを学びました。学べば学ぶほど、腕も上がっていきました。そして、小学六年生の時に、一五歳以下が出場するプログラミングの国際大会で最優秀賞を獲得します。

現在は、三つのIT企業のサポートをしています。平日は、帰宅後すぐに仕事をし、土日も朝から会社のオフィスで仕事をしているそうです。

> 奏人君が、将来のために頑張っていることがあります。何でしょうか。

それは、学校の勉強です。変化の大きい世の中で、未来が今と同じということは限らない。自分がやっているITの仕事も、未来の世界では全く違う形になっているかもしれない。世の中が変わっても対応できるように、基本的なことを幅広く身につけるため、学校の勉強も手を抜かずに頑張っているのです。

2 語り② 羽生選手の勉強の仕方

羽生結弦（はにゅうゆづる）選手を知っていますね。オリンピックや世界大会で幾度も優勝した、日本を代表するフィギュアスケート選手です。

羽生選手が世界を目指すと決めたのが小学校四年生。それ以来、放課後は毎日スケートリンクに通い、帰宅は夜九時を過ぎます。勉強も手を抜きたくなかった羽生選手は、それから勉強をします。

しかし、スケートに集中した後で勉強を頑張るのは、さすがに無理だと気づいたそうです。スケート後はリラックスする時間にしました。

そうなると勉強時間はますます限られます。そこで、授業前の休み時間を使って勉強を始めたそうです。授業前に予習をして理解度を高め、練習前や週末の隙間時間を使って復習をする。スケートという自分のやりたいことを継続しながら、短時間で最大限の成果を出せるように工夫していたのです。

羽生選手は「自分はスケーターである以前に、一人の人間。常識やスケート以外の知識も身につけておきたい」と考え、早稲田大学の通信課程で学んでいます。将来、自分のスケート経験を多くの人に伝えることを考えると、人として最低限の常識や知識が必要だと考えたからです。

山内奏人君、羽生結弦選手どちらも普通の中学生より忙しいでしょう。ですが、自分がやりたいことと、なすべき勉強を両立できるよう、工夫しているのです。中学生でもここまでがんばれるのです。

3 補足 やりたいことと、やるべきことを両立させる

勉強と部活。自分のやりたいことと、やるべきことを両立させている中学生のエピソードはいくつもある。生活を省みさせ、時間の使い方や行動の優先順位を熟考させたいものだ。

《参考文献》

『Conobie』 https://conobie.jp/article/3163

『MY FUTURE CAMPUS』 http://mycampus.jp/2015/12/21/yamauchi/

『銀幕三昧』 http://ginmaku1982.blog.fc2.com/blog-entry-353.html

★長谷川のコーヒーブレイク

有名人の話ばかりだと、あの人は特別だからと言い訳したくなるのが人情だ。有名人の話の合間に、身近な大人のエピソードを挟むとよい。教師が自分自身の経験を語るのだ。

6 身近だからこそ響く！ 先輩・大人のナマの声

85 中学生でもここまでやれる！超一流の生活習慣—女子編

オススメ時期→ 長期休業前 努力の大切さを伝える場面 新徳目→ 向上心・個性の伸長

1 語り

「勉強しなさい」とよく言われる人、挙手しましょう。自分から進んで勉強している人、手を挙げましょう。

さて、ある中学生女子の話です。その子は、二歳からピアノ、三歳からバレエを習い、そして小学二年生の時にあるスポーツを始めました。

そのスポーツとは、時速八〇㎞というスピードで行うものです。成功すると、まるで鳥になったような快い感覚を味わえます。しかし、失敗すれば大ケガをする危険性もあります。オリンピックの種目にもなっているこのスポーツ。何だと思いますか。

スキージャンプです。一四〇mの高さから飛び出すこの競技に、その女子は挑みます。練習を重ね、中学二年生で国内女子最長記録を出し、その年の世界大会で、最年少で優勝します。

その女子とは、高梨沙羅選手です。知っていますか。

高梨選手はその後も世界中の大会に参加し、何度も優勝しました。今でも海外での大会に参加することが多く、何度も空港を利用します。その高梨選手が、空港で飛行機を待っている間にしていることがあります。何だと思いますか。

> 勉強です。彼女は言います。ジャンプがダメになって、勉強もダメってなると、何もなくなっちゃうので、勉強は頑張ってやります。

普通、大会で遠征した後は疲れてしまうところですが、高梨選手は、一分一秒を惜しんで、空港でも教科書をじっくり読むのだそうです。

そんな彼女の将来の夢は何だと思いますか。なんと、オリンピックの金メダルではなく、中学校の体育の先生になることです。

もちろん日本代表として競技を続けることも大切なのですが、学校の先生になるための勉強も欠かせません。両立させるために、彼女は様々な工夫をします。例えば、海外遠征の時に英語が話せたほうがいいという理由で、普通の高校ではなく、日本に住む外国人のための学校、インターナショナルスクールに入学します。入学後、彼女は、毎日朝五時半に家を出て始発電車に乗り、一日に一一時間程勉強をしたそうです。そして、高校二年生の時、日本体育大学に飛び級合格しました。勉強し続けた結果でした。

高梨選手は、ピアノもバレエもジャンプの練習もすべて、やりなさいと言われてからやるのではなく、自分からやってきたそうです。勉強も、どこへ行く時でも勉強道具を持ち歩いて、時間を惜しんで取り組んでいました。そのような努力が、高梨選手をつくり上げたのでしょう。

自分から進んで取り組むほうが、何をやるにも効果が高いと言われています。高梨選手のように、勉強でも何でも進んで取り組めるといいですね。

2 補足「勉強しなさい」と言われるほど、その向上は望めない

勉強は「勉強しなさい」と言われるほど、その向上は望めないという研究データがある。中学生にとって身近な人物を通して、前向きに取り組むことの大切さを語るといいだろう。

《参考文献》「スポーツナビ　高梨沙羅の強さの〝ルーツ〟揺るがぬ向上心と人一倍の努力家気質」http://sports.yahoo.co.jp/sports/other/all/2014/columndtl/201401140004-spnavi?page=1

★長谷川のコーヒーブレイク

「何になりたいか」より「どう生きたいか」を考えさせるのが私のキャリア教育である。「どう生きたいか」を考えた瞬間、話は遠い未来の出来事ではなくなる。今の延長線上にしか未来はない。大事なのは今の行動を変えることである。今が変われば、未来が変わるのである。

7 中学生が熱くなる！“そんなのあり?!”道徳討論の題材10

86 デートの食事代はワリカン？男が払う？かっこいい大人の振舞い

オススメ時期↓	随時	新徳目↓	相互理解・寛容

1 討論の発問

デートの食事代は、誰がどのように払いますか。次から選びなさい。

①男性が全部払う。②男性が少し多く払う。③お互いに半分ずつ払う（いわゆる割り勘）。④女性が全部払う。

2 生徒の意見

〈①男性が全部払う派〉

・何となく、男性が全部払ったほうが良いような気がする。

・女性に払わせるのはちょっと格好悪い感じがするので、男性が全部払ったほうが良い。

〈男性が少し多く払う派〉

・二人とも働いているならお互いに払ったほうが良いと思うが、それでも半分ずつというよりは男性が少し多く払ったほうが良いと思う。

〈お互いに半分ずつ払う派〉

・お互いが仕事について給料をもらっているのなら、半分ずつ払うのが平等だと思う。

＊生徒の意見では、④「女性が全部払う」という意見はなかった。

3 語り① 男性が全部払う理由

大人の場合、男性が全額払うか、少し多く払うことが多いようです。割り勘だと、お互いに半分ずつ払うから平等と言えそうですが、実は平等ではありません。そのことに気づいている男性は、割り勘を迫る男性より少しだけ人気が高いそうです。割り勘が平等でない理由の一つ。女性はデート当日までにかなりのお金を使っているからです。

どんなことにお金を使っていると思いますか。例えば、洋服を新しく買います。靴やバッグにもお金をかけます。何より、化粧品にお金がかかります。男性で化粧をする人は、ほとんどいないでしょう。

このように、女性は、男性以上にお金を使っているのです。ですから、その女性の気持ちを汲み取って食事代は全額払う、あるいは多く支払う。これが大人の男性の「たしなみ」のようです。

見方を変えると、学級でも同じことが起きていると言えます。目立たないところで、学級のための活動を積み重ねている女子がいます。そのような女子の頑張りに気づいて、支えてやれる男子は魅力的ですよね。そういうことをできるのが「かっこいい大人」になるための第一歩なのです。

4 語り② かっこいい大人の振舞い

「かっこいい大人」というのは、姿形だけを言うのではありません。

例えば、食事に行ったレストランで、店員さんに対して横柄な態度を取っている人と、最後に「ごちそうさまでした。おいしかったです」と一言言って帰る人、どちらがかっこいいでしょう。

ホテルに泊まって部屋を出る時に布団やゴミなどを散らかしたまま出る人と、部屋をきれいにしてから出る人、どちらがかっこいいですか。

相手が喜ぶことを自然にやれる、それが「かっこいい大人」です。皆さんも「かっこいい大人」になれるといいですね。

5 補足 良き関係を築くために

中学生ともなれば異性への関心が強くなるが、同時に変に異性を避けたり、コミュニケーションの偏りからトラブルが生じたりすることがある。互いのものの見方や考え方を理解し、良き関係を築き、共に成長していこうとする姿勢を育みたい。

★長谷川のコーヒーブレイク

「かっこいい」は思春期及び青年期の最重要キーワードである。かっこいい大人に、生徒は憧れる。まずは語る教師自身がかっこよくあることが大事だろう。

7 中学生が熱くなる！“そんなのあり?!”道徳討論の題材10

87 お小遣いはもらう派？稼ぐ派？中学生版経済学

オススメ時期↓ 随時　新徳目↓ 相互理解・寛容

1 討論の発問

高校生になったらアルバイトをしてお小遣いを稼ぐ派ですか、それとも親からもらう派ですか。

2 生徒の意見

【もらう派】

①僕は親にもらいたいです。母にお小遣いについて聞いてみると、「どっちでもいいけど、高校くらいまでは何か部活をやってほしい」と言われました。「部活をしながら、お小遣いを使いすぎず貯めていき、やりくりしていってほしい」とのことでした。僕も、それに納得したので、高校生だったら、お小遣いをもらいます。（A男）

②私はもらう派です。なぜなら、高校でもアルバイトをしていい高校としてはいけない高校があるし、アルバイトをしている時間を勉強時間として使いたいからです。（A子）

【稼ぐ派】

①私はアルバイト派です。お母さんはすごく苦労しているはずで、これ以上苦労はかけたくないからです。今年から自分でできることは何でもやると決めたし、お母さんにはお金も時間も自分のものとして使ってほしいです。最近では土日に家族の食事を作ったり、夕食を作ったりしています。今日も姉妹で作りました。（B子）

②自分は稼ぐ派です。今は親からもらっていますが、いつまでももらいっ放しというのも問題です。もう一つは、姉からの影響です。姉はアルバイトをして必要なお金を稼いでいます。その影響もあり、自分もアルバイトをすると思います。（B男）

3 語り　金持ち脳と貧乏脳

「金持ち脳」と「貧乏脳」という考え方があります。「金持ち脳」は、お金持ちに共通する考え方や日頃の習慣のことです。

「貧乏脳」は貧乏から抜け出せない人に共通する考え方、言動のクセのことです。

それぞれ特徴があります。一つ目、「金持ち脳」は積極的に挑戦し、「貧乏脳」は受身で自分からは動かないということです。貧乏になる人はチャンスや良いアイデアがあっても何かと理由をつけて自発的に動こうとはしません。お金持ちになる人は好奇心旺盛で「まずは何でもやってみよう!」と考え、様々なことに積極的にチャレンジします。失敗もありますが、そこから「経験」という財産をたくさん得られるのです。

二つ目、「金持ち脳」は成功している人を尊敬しますが、「貧乏脳」は成功している人に対して嫉妬するということです。お金持ちになる人は、成功している人がたくさんの努力や工夫をしてきたことを知っているため、成功している人からたくさん学ぼうとします。貧乏になる人は、その裏の努力には気づけず、妬み嫉むだけで学ぼうとしません。

「金持ち脳」の言動は、今からでも実践できます。友達がしている工夫や努力から多くを学ぶことができる人は、きっと大きな成功をつかむことができます。今からでも試してみるとよいですね。

4 補足 様々な見方、考え方に触れさせる

高校生活における小遣いという身近な話題から入り、自分自身でお金を稼ぐか、親からもらってその時間を部活動などの別の活動に使うか、話し合いをさせたい。どちらが正しいかを決めるのではなく、話し合う中で様々な見方、考え方に触れさせることを大切にしたい。

★長谷川のコーヒーブレイク

お金のためだけに働くという狭い考え方からどう脱却させるか。アルバイトをするにせよ、部活動などに熱中し必要なお金は親からもらうにせよ、働くことの目的や働く親の苦労などにもぜひ目を向けさせたい。

7 中学生が熱くなる！〝そんなのあり?!〟道徳討論の題材10

88 制服好きはアジア人だけ? 制服の賛否を考えよう

オススメ時期↓ 随時　新徳目↓ 遵法精神

1 討論の発問

あなたたちが普段当たり前のように着ている制服。この制服は必要だと思いますか。

2 生徒の意見

〈賛成派〉

・制服がないと、毎日何を着ていくか考えなければいけなくて面倒くさい。
・制服は各学校の代表ともいえる服だと思うから。制服や校章は学校の印とも言えるから大事だ。
・みんな制服でいたほうが、勉強に集中できそう。
・中学校は高校、大学、成人(就職)の準備段階で、身の周りを整理したり身だしなみを整えたりすることが必要だと思うから。

〈反対派〉

・ださい。なんでみんな紺色のスカートや黒いズボンなのか。
・制服は、夏は暑いし、冬は寒い。高いお金を出して買ったのに不便。

〈中間派〉

・場合によっては必要だと思う。「中学生らしい服装がよい」など、「らしい」というあいまいな理由なら必要ないと思う。しかし、自由にしすぎると、凝りすぎる人や派手すぎる人がいて、問題が起きると思う。ただ、デザインについては、生徒に不満がでないレベルまではあげてほしい！

3 語り①

制服は軍隊の服装がもとになって生まれました。学校生活に制服を採用しているのは、以前はアジアの国々くらいでした。

しかし近年では、イギリスやフランス、カナダ、ドイツなど、世界の様々な国で導入されています。また、私服で自由に登校しているイメージが強いアメリカでも、制服を導入したことによって、学力の向上に効果があったという例が報告され、制服が注目されています。

4 語り②

例えば、男子が着ている学ランとズボン。上下合わせて買うと、ものにもよりますが、二〜三万円かかります。さらに、中学三年間の間に身長が一気に伸びて丈が足りなくなり、買い直しをするという家庭も少なくありません。

あなたたちが着ている学生服は、保護者の方がお金を出して買ってくださったものです。感謝の気持ちを持って大切に着られるといいですね。

5 補足 制服の是非を考えることを通して

生徒に意見を尋ねると、「制服があったほうがいい」という意見が予想以上に多かった。「保護者が高いお金を出してくれているから制服を着ることができる」ということに気がつくきっかけになったようである。

また、「制服が必要かどうか」について考えることは「学校は何をするところなのか」を考えることでもある。私の実践では中学生なりに、「学校は勉強するところだ」という結論にたどり着いていた。制服の是非を考えることを通して、制服が定められている意味を理解することができたように思う。

同様に、校則は必要なのかどうか、どのような規則があればいいのか、ということについても学級で討議したら面白いだろう。

★長谷川のコーヒーブレイク

「制服は必要ない」という立場の生徒にもっと頑張ってほしいものだ。予定調和の討論では価値が低い。親への感謝に行きつくのも悪くはないが、ジャージで良いとか私服で十分だとか、それぞれの事情を踏まえて発言させたいものだ。社会に視野を広げ、企業のユニフォームの是非にも触れなければ濃密な討論にはなりにくいだろう。

7 中学生が熱くなる！“そんなのあり?!”道徳討論の題材10

89 お酒・たばこは二〇歳　選挙権は一八歳　江戸の元服一二歳　大人って何？

オススメ時期→ 随時　新徳目→ 自由と責任

1 討論の発問

「子ども」と「大人」の違いとは何でしょうか。

成人式になると決まってテレビに映るのが、新成人のマナーの悪さです。中には、市長に向かって「お前誰だよ！」と叫んだ新成人もいるそうです。

法律では二〇歳で大人ですが、成人式でマナーの悪い人は、本当の意味での「大人」とは言えませんね。最近では「今の若者は二〇歳では大人になっていない。成人式は三〇歳で行うべきだ」と言う人たちもいるほどです。

どうなったら、本当の意味で「大人になった」と言えるのでしょうか。「働くようになってから大人」「結婚して家庭を持ったら大人」と人によって様々な考えがあるでしょう。

2 語り① 「大人」になった日

吉本ばななさんという作家は、中学生の時に「自分は大人になった」と自覚したのだそうです。吉本さんが中学二年生の時、内臓の病気が疑われ、学校を休んで検査することになりました。検査のために病院についてきてくれたのがお父さんとおばあちゃんでした。検査の後、三人で食事をし、店を出るときに悟ったのだそうです。

> ついてきてくれたふたりにとっても、今日は自分のしたいことができる一日だった。なのに、私のために廊下でずっと待ったり、一緒に結果を聞いたり、立っていたりしてくれた。私はいっしょに来てくれていることは当たり前だと思っていたけれど、そんなことはない。私を思ってついてきてくれている、そのことはとても貴重なんだ。

吉本さんにとって「大人になる」というのは、人の思いに気づくことだったのでしょう。みなさんはどんな時に「大人に

なった な」と思うでしょうね。楽しみですね。

2 語り② 時代や国によって違う「大人」

選挙権が一八歳になりましたが、お酒やたばこは二〇歳のままですね。法律によって、一人前の大人として認められる年齢は様々です。

世界を見てみても、成人年齢はまちまちです。アルゼンチンやシンガポールでは二一歳、プエルトリコという国では一四歳ですでに成人です。

昔の日本も、一四歳くらいには「元服」という、大人として認められるための儀式が行われました。

> 男子は元服する際に、髪をそりました。なぜだと思いますか。

兜をかぶる際に髪の毛があると蒸れて痒くなるから剃る。つまり、「戦争の際、戦いにいく役目」を負う。それが子どもと大人の違いでした。

今は戦国時代ではありませんが、現代の大人にも「勤労の義務」「納税の義務」が憲法で決まっています。すなわち「社会の役に立つ」という役目です。皆さんがどんな「大人」になって社会に貢献するのか、楽しみです。

3 補足 「大人とは何か」を共に考える

「大人とは何か」この答えについて明確に書かれた書物はなかなかない。そこで、教師自身の言葉で「大人」について語るとよいだろう。

《参考文献》
『おとなになるってどんなこと?』吉本ばなな著（ちくまプリマー新書）

★長谷川のコーヒーブレイク

中国で言う「大人」（たいじん）と「小人」（しょうじん）の違いを語ってやるのも良い。「小人閑居して不善を為す」などの言葉と共に、である。

90 もしも一〇〇万円拾ったら？パーッとつかう？交番へ行く？

オススメ時期↓ 随時　**新徳目↓** 遵法精神・公徳心

1 討論の発問

もしも一〇〇万円拾ったら、使いますか、交番に届けますか。

2 語り① 落とし主のことを考えると……

もしも道端で一〇〇万円拾ったらどうするか。私は小さい時に「どこかに一〇〇万円落ちていたらいいのにな」と思ったことがあります。昔の自分なら、きっと拾って自分のものにしていたかなと思います。

でも、今はそんなことはできません。怖いからです。

君たちの中で一年間のお小遣いの額が一〇〇万円を超す人はいますか。ほとんどの人が、一〇万円すらいかないでしょう。それほどの大金です。

もしその一〇〇万円が、落とし主の働いている会社のお金だったら、その人はクビです。落とし主本人が一生懸命働いて貯めたお金だとしたら、深く深く悲しむでしょう。犯罪に関わるお金だったら、その後大変な目に遭うかもしれません。

そんなことを考えると、とてもではないけれど使えません。

3 語り② 落し物が返ってくる平和な国 日本

二〇二〇年に開催の東京オリンピック。それを決める会議で、滝川クリステルさんは次のように述べました。

> 皆様が何か落し物をしても、きっとそれは戻ってきます。

例えば、日本でお金を落としたら、本当に戻ってくるのでしょうか。

東京都で二〇一四年に調査をしたところ、「落としてしまった」との届けの後に戻ってきたお金は約三三億四〇〇〇万円。

落としてしまったお金の四分の一近くが戻ってきたことになります。これは、外国では考えられないほどの金額です。アメリカでは、タクシーに置き忘れた財布が戻ってきたら、ニュース番組で取り上げられるくらい珍しいのだそうです。

ある海外の番組で、「日本で財布を落としたらどうなるか」という実験をやってみました。実験では、財布を拾った日本人全員が財布の持ち主に返すという結果になり、外国の人たちに大きな感動を与えました。

そんな日本人一人一人の優しさが、東京でオリンピックを開催できる要因となったと言えるかもしれませんね。

4 語り③ 江戸時代「正直馬子」

江戸時代にも、こんなエピソードがあります。とある武士が、殿様から二〇〇両（今でいう約三千万円）を預かりました。馬をレンタルして、その馬の鞍に結び付けていたのですが、宿についたときにその二〇〇両をつけたまま、馬と馬を引いていた馬子を返してしまいました。

そんな大金をなくしたら、その武士は死罪になってもおかしくありません。しかし、馬子の名前もわからない。「どうしよう」とおろおろするばかり。そこに、先ほどの馬子が来ます。武士の忘れ物に気づき、八里（約三〇キロ）も離れた武士のいる宿まで、走って届けに来てくれたのです。

武士は大変感謝し、お礼を渡そうとしましたが、馬子は「忘れ物を届けにきただけです」と、お礼を受け取らずに帰ってしまいました。

拾ったらお金を届ける。昔から日本人に受け継がれている文化なのです。

5 補足 当たり前が海外から絶賛されている

「財布を拾ったら交番へ」私たちは小さい時から教えられているが、その当たり前が海外から絶賛されているのである。日本人が大切に受け継いできた文化を、生徒に是非伝えたい。

★長谷川のコーヒーブレイク

海外の番組が行った実験で、外国の場合、拾った財布は即座にバッグへ入れられていた。語りの合間に映像を見せても良いだろう。

7 中学生が熱くなる！〝そんなのあり?!〟道徳討論の題材10

91 掃除をやるのは日本だけ。外国の子どもがうらやましい？

オススメ時期↓ 随時　新徳目↓ 公徳心

1 討論の発問

世界の中では、学校の掃除を清掃業者に任せている国が多いそうです。掃除は業者に任せたほうがいいですか、それとも自分たちでしたほうがいいですか。

2 語り

二〇一四年、ブラジルで開催されたサッカーの世界大会「ワールドカップ」。本戦に出場した三二ヶ国の中に、日本の姿もありました。

とても大切な初戦で、日本はコートジボワールと戦いました。結果は二対一の逆転負け。試合内容も、選手やサポーターの誰もが納得のいかないできでした。

しかし、そのような逆境にあって、多くの国々が日本をほめたのです。何についてほめたのだと思いますか。

答えは、掃除です。

多くの国では、自国のチームがふがいない戦い方をした時、サポーターが激怒します。物を投げたり、ひどい時にはベンチを破壊したりすることもあります。逆転負けともなれば、なおさらのことです。

しかし、日本人サポーターは違いました。彼らは物に当たるどころか、自分たちの応援エリアを自ら掃除して帰ったのです。そのことについて世界中の人たちから称賛の声が上がりました。

「ごみ袋を使って応援と掃除。日本人が見本を示した」「日本人は規律の見本。これこそ我が国のほとんどの人に足りないもの。最高の見本だ」

「すばらしいという言葉しか見つからない。私にとってあなたたちがワールドカップ王者だよ」

なぜ、日本人はこのような行動を取れたのだと思いますか。

考え方は様々ですが、その一つに「日本人は学校を自分たちで掃除しているから」という意見があります。

日本の学校における掃除について知った海外の人たちには「素晴らしい考え方だ」と驚く人がたくさんいます。「子どもによる掃除だときれいにならない部分もあるから、週に一度くらい業者を入れたほうがいい」と発展的に考える人もいるそうです。

なお、欧米では学校だけでなく様々な場所の掃除を業者が行っているためか、公共の場でもポイ捨てしてしまう人が多いのだそうです。

私たちが小学校時代から当たり前のようにやってきた「自分たちの場所は自分たちできれいにする」という習慣。これは、古来、日本人が当たり前に行ってきたことですが、それが今、世界から称賛されているのです。

世界に誇る日本人の習慣と、習慣を支える精神をこれからも大切にしていきたいものです。まずは足元から。自分たちの学校を、自分たちの手で、綺麗に掃除していきましょう。

3 補足 世界からの注目を集める掃除当番制度

世界一〇五ヶ国の掃除に関するデータを調べたところ、児童・生徒が掃除を行う国は34・3%。中でも日本のように毎日決まった時間に掃除するのは、世界的に見れば少数派である。その習慣が今、「チームワークを強くする」「自主性を育てる」と世界からの注目を集めているのである。その事実を伝え、自分たちの取組に誇りを持たせたい。

《参考文献》
『NEYMAR FANSITE』
『学校掃除　その人間形成的役割』沖原　豊編著（学事出版）

★長谷川のコーヒーブレイク

日本に見習おうという声が、世界中の心ある人々の間で高まりつつある。エピソードは他にも多数存在する。調べて、語ってやりたい。本を読み聞かせるだけでも、伝わるものがある。

7 中学生が熱くなる！“そんなのあり?!”道徳討論の題材10

92 どっちがお得？長男・長女と末っ子　言いたい本音、あります

オススメ時期↓	随時	新徳目↓	家庭生活の充実

1 討論の発問

兄弟関係。長男・長女と末っ子。どちらが「得」だと思いますか。

2 生徒の意見

〈長男・長女派〉
・一番初めの子なので、親にていねいに育てられそうだから。
・弟や妹に命令できて、一番偉い人になれるから。
・ケンカをしたときに勝てるから。
・「お兄ちゃんはこうだったのに……」などと比べられることがないから。

〈末っ子派〉
・兄や姉の友達にも可愛がってもらえるから。
・兄や姉に教えてもらえるので、中学校入学時に知らないことが少ない。
・ケンカのときに姉が「お姉ちゃんなんだから」と叱られて終わるので、結局自分が勝つ。
・兄や姉に勉強を教えてもらえるから。

3 語り①　長男・長女のほうが成績がいい？　六つの理論

アメリカ政府の指示により一九九〇年から二〇〇八年にかけて実施された調査によると、クラスで優秀な成績を残した子どもの33・8%が長男か長女だったそうです。このような結果について、研究者や経済学者は「長男・長女のほうが親の注意を一身に集めることができる」「長男・長女が自分の兄弟に勉強や規律を教えることで結果的に利益を得ている」など、六つの

理論を提唱しています。ただし、「長男・長女であれば必ず成績がいい」というわけではありません。本人の努力が必要であることは言うまでもありません。

4 語り② 生まれた順番による性格の違い

生まれた順番による性格の違いを研究している、心理学者のケビン・リーマン博士は「最初に生まれた子と二番目に生まれた子とでは性格が違う」と主張しています。例えば、長男・長女は、親にとっては初めての子どもですから、親も手探りで子育てをすることになり、神経質になっています。その影響か、長男・長女には「完璧主義」「頑張り屋」という性格の子が多いそうです。また、家庭でも「お兄ちゃん・お姉ちゃんなんだから」と言われるためか、長男・長女にはリーダーとして引っ張るのが好きな子が多いそうです

一方、親も一人目より余裕を持って接するためか、二番目以降の子どもは「おおらか」な性格が多いとのことです。

生まれた順番だけで性格が決まるわけではありませんが、周りの友達がどのような兄弟構成なのか聞いてみると面白いかもしれませんね。

5 補足 互いの立場への理解が進むとよい

特に何と言うこともないテーマであるが、生徒の討論は予想以上に盛り上がる。中学生であっても、長男・長女であることの喜びも苦労も体験しており、また、末っ子であることのメリットやデメリットもわかっているのである。互いの立場への理解が進むとよい。

《参考URL》

First Children Are Smarter - but Why? - The Atlantic

http://www.theatlantic.com/business/archive/2013/10/first-children-are-smarter-but-why/

★長谷川のコーヒーブレイク

では、一人っ子はどうなのだ。これが一番に気にかかる。そこまで調べておいて、討論の補足をしてやるとよい。

93 次に生まれ変わるなら　あなたは男になりたい？女になりたい？

オススメ時期→　男女の違いを理解させたり、それぞれの良さを感じさせたい時　新徳目→　相互理解・寛容

1 生徒の意見

次に生まれ変わる時、選べるとしたら、男と女、どちらがいいですか。

理由と共に自分の考えを述べさせた。以下、生徒の意見である。

〈男派〉
・女子は裏の世界とかがあって、ドロドロしているから。
・男はバカでも許される感じがする。
・女性のほうが仕事などで不利になることが多いから。
・体重を気にしたり化粧をしたりしなければいけなくて面倒くさそう。
・男のほうが人生気楽に過ごせそうだから。

〈女派〉
・女子のほうが楽しいし、洋服もかわいいのがたくさんある！
・レディーファーストとかがあって、優遇されることが多いから。
・体育のマラソンとか、男子よりも走る距離が少なくてすむから。
・おしゃれやお化粧ができて楽しいから。

2 語り①

男女で就職率に差があるというイメージがありますが、平成二七年三月に大学を卒業した人たちの就職率を見ると、男子

96・5パーセント、女子96・9パーセントと、女子の就職率が男子の就職率を上回っています。「女性だから仕事に就けない」というわけではありません。

以前は「医師は男性」「保育士は女性」など、職業別の固定観念があったようですが、現在はそれも改善され、男女問わず様々な職業に就くことができるようになっています。

3 語り②

企業などで管理職に出世する人数は、女性よりも男性のほうが多いです。このような状況を踏まえ、女性の管理職を増やそうという社会の動きも見られますが、まだその差はあります。就職した後に仕事を辞めてしまう率も、男性よりも女性のほうが高いです。出産・子育てなどが理由です。

女性には、女性の、男性には男性の良さがあります。女性が職場でもっと働きやすくなるためにも、出産や育児などでのサポートや助け合いが不可欠です。みなさんのこれからの人生でも、男性、女性問わずにそれぞれの良さを活かせるよう、お互いを理解して生活していきたいですね。

4 補足 それぞれの良さに気づかせるようなエピソードを

身近な話題である分、生徒は活発に意見を述べた。討論では、「男子のほうが気楽」など男子の人気が高かった。女子については、「人間関係がめんどくさそう」など、思春期特有の雰囲気にマイナスイメージを持っていることがうかがえる意見が少なくなかった。互いの印象を述べて意見を交流させるだけでなく、それぞれの良さに気づかせるようなエピソードを教師の側から提供したい。

《参考文献》

厚生労働省「平成二十六年度大学等卒業者の就職状況調査」

★長谷川のコーヒーブレイク

では子育ては人に任せて働きに出ればよいか、と言うと、子どもの発達上そうとは言えない。母性のみに為し得ること、父性のみに為し得ること。調べさせ、討論させるのも面白い。

7 中学生が熱くなる！“そんなのあり?!”道徳討論の題材10

94 大人はずるい?子どもは楽だ?身近だからこそ見えない互いの立場

オススメ時期→ 随時　新徳目→ 相互理解・寛容

1 討論の発問

大人と子ども、それぞれの良さがありますが、あなたはどちらが良いと思いますか。

2 生徒の意見

〈子ども派〉
・親に養ってもらえるから。
・学校生活が一番楽しいし、今がいいから。
・「子どもだから」と許されることが多い。
・大人になるとすべての責任を自分で取らないといけないけれど、子どものうちは守ってくれる人がいるから。

〈大人派〉
・自分で働いて、稼いで、好きなものを買えるから。
・勉強しなくていいし、テストを受けなくていいから。
・不満に思っていることを自分で変えることができるから。
・自分の好きなことが好きなだけできるから。

3 語り① 法律から見た大人

「未成年」という言葉があります。満二〇歳未満の人のことをいいます。二〇歳を迎えるまでは、飲酒や喫煙が禁止されています。外出時間にも制限があります。都道府県によって異なりますが、例えば、夜一一時から朝四時までの時間帯に、未成年が外を歩いていると補導の対象になります。

二〇歳になるまでは、保護者を基本とした「法定代理人」という立場の方に守られている「未成年」です。「未成年」は、自分一人でできることに制限がかかりますが、その分、何かあった時には法律が守ってくれます。

別の角度から言えば、二〇歳を迎えるまでに自分で正しく判断する力、行動する力を身につけなければいけないということです。中学生のみなさんが成人するまであと五年程度。家庭や学校、地域で様々な経験を積み、学ぶべきを学び、身につけるべきを身につけて二〇歳を迎えましょうね。

4 語り② 選挙権引き下げ

二〇一六年、公職選挙法の改正に伴い、選挙権が一八歳に引き下げられました。これまでは二〇歳であった選挙権を引き下げた理由は「主体的に政治に関わる若者が増えてほしい」という願いがあるからです。まだ子どもと見られていた一八歳が、国の政治に参画する時代となったのです。

世界一九一の国・地域のうち、実に九割近くが、選挙権年齢を一八歳以上としています。一六歳以上としている国・地域も複数あります。みなさんも一刻一刻、国の政治に参画する年齢に近づいているのです。今のうちから、ニュースや新聞、書籍などを通して政治に関する情報に触れ、自分なりの考えを持つようにしましょう。

5 補足 「あと数年で大人になるのだと意識させる」

生徒の意見はほぼ半々に分かれた。右に紹介したように、「自分たちはまだまだ子ども」という意識の生徒たちを、「自分たちもあと数年で大人になるのだ」という意識にさせる具体的なエピソードを複数持っているとよい。

《参考URL》

総務省HP　http://www.soumu.go.jp/18senkyo/

★長谷川のコーヒーブレイク

「中学生はいいよな、大人はたいへんだ」と周りの大人が言えば、生徒は大人になることを悲観する。私は違う。「大人はいいぞ。学校時代以上にスリリングで楽しい。責任を果たせば子どもの数倍の自由を満喫できる」と言う。

8 きれいごとじゃない本音の道徳問答　こう言われたらどうする？

95 給食は残さず食べろ？嫌いなものは食べたくない！

オススメ時期↓　随時　新徳目↓　思いやり・感謝

1 語り①　種類豊富な日本の給食

一人一人に食べ物の好き嫌いがあります。肉が好きで野菜が嫌いな人。野菜は好きだけど牛乳が嫌いな人……様々でしょう。メニューによっても「今日はカレーだ！」と喜んだり「嫌いな豆料理か」と嘆いたりすることもあるでしょう。毎日好きなものが出ればいいのに、と思ったことが、私にもありました。

給食は毎日違う料理が出てきます。和食、洋食、中華……時には韓国料理も出ます。こんなにバリエーションが豊富なのは日本だけです。

なぜ、日本の給食は種類が豊富なのでしょうか。

給食を通して、たくさんの食材や料理に触れさせたい、と考えられているからです。

ある会社で「家庭の食事のレパートリー」を調査したところ、各家庭のお母さんが何も見ないで作れる料理の数は、平均一六品目という結果でした。新しい料理に挑戦するのは大変なので、家庭で同じメニューが何度も出るのは仕方のないことです。

一方、給食では一ヶ月間で大体六〇品目。ご飯、パン、麺類を除けば、一ヶ月の間に同じ品目が出てくることはほとんどありません。和・洋・中とバランスよく出てきます。

日本は四季折々の気候に恵まれ、食べ物も豊富です。しかも、外国の食文化も柔軟に受け入れてきました。だからこそ、給食でたくさんの種類の料理を経験できるのです。子どもの頃からいろいろなものを食べる経験をすれば、いろいろな料理をおいしいと感じられる大人になれます。給食は、様々な食を経験するチャンスなのです。

嫌いなものがあってもかまいませんが、まず一口は食べてみましょう。

2 語り② 調理士さんの想い

給食を作るのは大変な仕事です。食材の調理はもちろん、食器、床、オーブン、冷蔵庫、壁、それらすべてを毎日消毒しなければいけません。火傷、切り傷は日常茶飯事。食器洗いで手は荒れてしまいます。鍋でも何でも特大で、何をするにもひと苦労です。

調理師さんたちはその作業を、夏の暑い日でも長靴・白衣・マスク・帽子を着て行います。厨房内に虫が入らないようにするため、窓は全部閉め切られています。数百人分の食材を焼いたり茹でたりしている鍋や釜からは湯気がもうもうと立ち上って、サウナのようになります。冷房も効かず、汗びっしょり。そんな環境で給食を作ってくれています。

給食を作る人に「うれしいことは何ですか」と聞いたことがあります。

「戻ってきた食缶が空になっていること」だそうです。

無理して食べる必要はないけれども、苦手なものでも少しは挑戦してみるのもよいでしょうね。

3 補足 食への感謝はもちろん、作り手への感謝の心も

給食を無理して食べさせる必要はない。だが、給食は大切な食育の場でもある。いろいろな食べ物を経験させる機会と捉え、一口は食べさせるようにする。また、食への感謝はもちろん、作り手への感謝の心も育みたい。生徒にとっての「あれども見えず」に気づかせるのも教師の仕事である。

《参考文献》

『クックパッド』https://info.cookpad.com/pr/news/press_2013_0723

★長谷川のコーヒーブレイク

給食を無理強いする資格を教師は持たない。昼休みになっても食べさせている教師がいると聞くが、人権侵害も甚だしい。強硬手段でなく、例えば、右のような語りで心を刺激してやることだ。

8 きれいごとじゃない本音の道徳問答　こう言われたらどうする？

96 優先席じゃないのに、なんで老人に席を譲る必要があるの？

オススメ時期↓	新徳目↓
随時	公共の精神

1 語り① 大多数は、「席を譲ったほうがいい」と思っている

優先席について、大人たちの間でも議論されています。「優先席があるから、意識して席を譲る人が増えるのだ」という立場もあれば、「優先席なんてあるから、他の席を譲ろうとしないのだ」という意見もあります。

実際に、優先席を全部なくして「どの席でも、お年寄りや立ち続けることが辛そうな人には席を譲ろう」と呼びかけている交通会社もあります。優先席の有無にかかわらず、「お年寄りや立っているのが辛い人には席を譲ってあげましょう」という点では、各交通会社は一致しています。

また、電車のマナーについてある会社が一〇〇〇人にアンケートを取りました。その中で「優先席では席を譲るべき」と答えた人は93％でした。「優先席以外でも席を譲るべき」と答えた人は76％です。「席は譲ってあげるべきだ」と多くの人が考えているようです。

2 語り② 席は譲らなければいけないものではない

ある女性が体調を崩してしまい、「とても立っていられない」と思い、優先席に座っていました。すると、お年寄りの男性から「なんで優先席に座っているんだ！　立て！」とすごい剣幕で怒鳴られたそうです。結局、女性は立ちましたが、納得のいかない表情で、車内にも気まずい空気が流れていたということです。

> もしその場を目撃したら、あなたはどんな気持ちになりますか。

座る人にも事情はあります。「専用席」ではなく「優先席」なので絶対に譲らなければいけないというルールもありません。大切なのは、譲る思いやりと、譲ってもらった時に感謝する気持ちですね。

席を譲ることについて、こんな意見をインターネットで見つけました。

◆電車の中でおじいさんが乗ってきたからなんも言わずに席譲る高校生かっこいい。

◆電車で優先席に座っていた見るからにガラの悪いお兄さんがスクッと立ち上がり、妊婦さんに「立ちっぱなしはよくねえ、だいたいそんなでかい腹して一人で出歩くもんじゃねえぜ。あそこに座りなよ」と席を譲り、赤い顔して隣の車両に去っていった。

◆大学生が電車で老婦人に気づいてなかった↓気づいてバネ仕掛のように立ち上がり席を譲る、というのを見て微笑ましい朝。

◆今、電車でおばあちゃん一人に席を譲った男の人がおって、そしたら、周りの人たちもおばあちゃんに席譲るためにみんな立っちゃって「こんなみんな立たなくていいよ!」笑って譲った人が言ったら周りの人がみんな笑顔になった。素敵やね。こんな人になりたいな。

◆電車におばあちゃんが入ってきて、二年生くらいのちっちゃい子が真っ先に立ち上がってどうぞって譲ったの見て感動した笑。まさかそんなちっちゃい子が譲るなんて思わなかった!見習わなきゃな!

この人たちみたいに譲れたら、かっこいいですよね。譲る・譲らないはルールと言うより、皆さんの心次第なのです。

3 補足 席を譲ることの「美徳」

中学生にとって、電車に乗る機会はそこまで多くはない。そこで、ネット上に発信されているエピソードを伝えた。席を譲ることの「美徳」についても、エピソードを通じて伝えるといいだろう。

《参考文献》『ルウト研究所』http://roote.ekispert.net/labo/result/02 『Whats』http://whats.be/22497

★長谷川のコーヒーブレイク

これまた教師自身の体験を語るのが良い。私は必ず譲るが、譲って断られた経験も数回ある。そんな時にどう振る舞うか。面白い語りになる。

97 人は動物を殺すのにどうして人を殺してはいけないの？

オススメ時期	随時	新徳目	生命の尊さ

1 語り① 難問「なぜ人を殺してはいけないのか」

「なぜ人を殺してはいけないのか」中学生の時に考えたことがあります。誰かを殺したかったわけではなく、何となく疑問に思ったのです。

しかし、考えれば考えるほどわからなくなっていきます。親や教師から「人を殺してはいけない」なんて直接教わったことはないけれど、感覚的にわかっている。ただ、その理由を言葉にできない。どれだけ考えても明確な答えは出せませんでした。

調べてみると、「なぜ人を殺してはいけないのか」というタイトルの本がたくさん出版されていることがわかりました。つまり、この疑問について多くの人が関心を持っていながら、答えを一つに絞るのは難しい、ということです。

ある人は、「あなたは殺されたくないでしょう。だから殺してはいけません」と言っていました。では、「俺は死んでもいいんだ」という人ならば、人を殺してもいいのか。「殺された人の周りの人が悲しむから」天涯孤独な人は殺されてもいいのか。どの答えにも納得できませんでした。

あるテレビ番組では、この疑問について聞かれたコメンテーターが誰一人、言葉を発することができなかったそうです。「答える必要はない。ダメなものはダメだ」と答える人もいれば、「一生かかって考える価値のある疑問」と言う人もいます。大人にとっても答えは一つではないのです。

2 語り② 多くの人が望む社会

もし、「人を殺してもよい」とする社会があったとしましょう。それはつまり、あなたも殺されるかもしれない社会です。もしかしたら帰り道に殺されるかもしれない、帰ったら大切な人が殺されているかもしれない……。そんな不安を感じながら生活するのはいかがですか。

世の中のほとんどすべての人が同じように考えています。「人を殺してよい（＝私が殺されるかもしれない）社会」より「人を殺してはいけない（＝私が殺されない）社会」を望んでいるのです。だから、私たち人間は「人を殺してはいけない社会」を創り上げていったのです。

誰かが人を殺してしまうことを完全に止めることはできません。しかし、正当防衛など特別な事情がないのに人を殺してしまった人を、私たちの「社会」が許しません。重い刑罰が待っています。その社会の中でしか生きられないのが私たち人間です。社会が認めていないことだから、「人を殺してはいけない」と多くの人が当たり前のように感じているのです。

3 語り③ 命をいただき、命をつなぐ

農家の人が育てた稲を刈り取るのは、自分たちが食べるためだけではありません。多くの人に食べてもらうため、言うなれば「多くの人の命をつなぐ」ために刈り取るのです。

酪農家の人が牛や豚、鶏を絞めるのは、自分が食べるだけではありません。これも多くの人に食べてもらうため、命をつなぐために絞めるのです。

そうやって人間の命を明日へつなぐために、私たちは多くの命をいただいているのです。他の命をもらっている人間が互いに命を奪い合っていたら、動物たちも浮かばれないですよね。自分の命、他人の命、動物や植物の命……。すべての命を大切にしていけるといいですね。

4 補足 教師自身が自分なりの答えを持っておく

生徒に語る前に、教師自身が考え、自分なりの答えを持っておきたい。それを押しつけることはご法度だが、生徒に求めることはまず自分がするのが教師たる者の務めである。

《参考文献》

『なぜ人を殺してはいけないのか』小浜逸郎著（ＰＨＰ文庫）

★長谷川のコーヒーブレイク

ならぬものはならぬものですと一刀両断するのもまた教育であり、右のように深く思考させるのもまた教育である。

8 きれいごとじゃない本音の道徳問答　こう言われたらどうする？

98 嘘つきは泥棒の始まり？大人は嘘をつかないの？

オススメ時期→ 随時　新徳目→ 自主・自律

1 語り① 人間誰もが嘘をつく

日本で、嘘をついたら罪になる場所があります。裁判所です。裁判前に「良心に従って嘘や隠し事をしないこと」を最初に約束します。その約束を破って嘘の証言をしたら、「偽証罪」になります。

> 裁判で、その約束をしなくていい人が一人います。誰でしょうか。

被告人、つまり「犯罪をしただろう」と訴えられている人です。「お前は悪いことをしただろう！」と疑われれば、嘘をついてしまうのは人間として仕方のないこと。そう考えられているからなのだそうです。

> その人間が、生まれて初めて嘘をつくのは何歳くらいだと思いますか。

一歳になる前。赤ちゃんは、お母さんの気を引くために「嘘泣き」をするのだそうです。そのようにして愛情をたくさんもらって成長するのが人間なのです。

嘘が嫌いと言う人もいるでしょう。ですが、人間はつい嘘をついてしまうこともある生き物なのです。嘘とは、人間関係を円滑にするために人間が身につけた知恵、と言えるかもしれません。上手に使いたいですね。

2 語り② 嘘も方便

「嘘をつかねば仏になれない」という言葉があります。

> 仏になる人がつく嘘はどんな嘘でしょうか。

人を助けるための嘘です。仏様の嘘についてこんな話があります。

> 子どもを亡くした母親が、その子の死を受け入れられなくて毎日苦しみ、悲しんでいました。そして、仏様に「その子を生き返らせてほしい」と頼みました。すると仏様は、その母親に「村の中でこの二〇年間葬式を出したことのない家を三軒見つけて、胡椒の実を三粒ずつ貰いなさい。それで子どもを生き返らせることができる」と言いました。
>
> 母親は、村中の家を回りましたが、そんな家は一軒も見つけることができませんでした。母親は、「人は、誰でも必ず死ぬのだ」ということを悟って、子どもの死を受け入れたのでした。

人を助けるためなら仏様だって嘘をつく。そういう人助けの嘘を「方便」と言い、昔から「嘘も方便」と言われてきました。

しかし、「嘘つきは泥棒の始まり」とも言われています。泥棒の始まりとなる「嘘」はどんな嘘でしょうか。

それは人を騙し、陥れる嘘です。そのような嘘をつくと、地獄に落ちて舌を抜かれると昔から言われてきました。嘘をつく・つかないより、どうしたら自分と周りの人が幸せになるのか、それが大切なのです。

3 補足「先生だって嘘をついたことあるでしょう」と言われたら

嘘をついたことについて生徒を指導している時に「先生だって嘘をついたことあるでしょう」と言われたことがある。右のようなエピソードを知っているだけで、冷静に指導ができるようになる。

《参考文献》

『「なるほど!」とわかる　マンガはじめての嘘の心理学』ゆうきゆう監修（西東社）
『嘘の見抜き方』若狭　勝著（新潮新書）

★長谷川のコーヒーブレイク

「嘘も方便」は真理である。だが、正当化のために口にするのは避けたいものだ。右の語りに是非加えたい話がある。

嘘をついた結果、つき続けなければならなくなり、窮地に陥った男の話だ。

99　悪口をさんざん言われたから殴ってやりました

オススメ時期→	随時	新徳目→	自由と責任

1　語り①　どちらも犯罪だが

法律で言えば、殴ることは暴行罪という犯罪です。一方、悪口も名誉棄損罪もしくは侮辱罪という犯罪です。つまり、どちらも悪いことです。

しかし、名誉棄損罪や侮辱罪は立証が難しいものです。悪口を言われてどれくらい傷ついたか。その証明は、何かの身体的な症状が出ない限り、病院で診断がおりないからです。

一方、殴られた場合、病院に行ってケガだと診断されればそれで証明できます。

「先に手を出したら負け」昔から言われています。悪口を言われたとしても、手を出してしまうことは大人でも認められていません。

手を出してはいけない。だからと言って悪口を言われても何も抵抗できないのでは、心が参ってしまいますね。そのために、大人の世界なら警察官や弁護士がいます。学校では、私たち教師がその役目です。困ったことがあるなら、まず相談に来なさい。いつでも力になります。

2　語り②　仕返しもせず、屈しもしない「マハトマ・ガンディー」

今から約一〇〇年前、インドはイギリスによって支配されていました。インドの人たちには自由がありませんでした。抵抗しようにも、イギリスの軍隊には到底勝つことはできません。話し合いにも応じてくれません。なすすべがありませんでした。

そこに登場したのが、ガンディーという人でした。彼は「非暴力・不服従」という運動を呼びかけました。簡単に言うと、「叩かれたとしてもこちらは叩かない。けれども、言いなりにならない」ということです。当時、イギリス人しか売ることを認められていなかった塩を、ガンディーたちは海岸へ拾いに行きます。当然イギリス人たちは止めようとして、ガンディーたちを叩いたり邪魔をしたりしました。ですが、ガンディーたちは仕返しをすることなく、塩を拾いながら海岸を歩き続けました。

何日間くらい続けたでしょうか。

その日数、何と二四日間。どれだけ叩かれても、決してやめることはありませんでした。その様子は世界中に報道され、イギリスのインドに対する態度を改めさせるきっかけとなりました。

一方的な暴力や嫌がらせを受けて、我慢しろとは言いません。ですが、それに対してやり返すのではなく、きちんとした闘い方がある。その闘い方をガンディーは世界中の人たちに示しました。

困ったことがあった時の正しい行動の仕方も、学校で学ぶべきことの一つです。困ったことがあったなら相談に来てください。一緒に考えましょう。

3 補足　社会に出ればどうなるかを伝える

学校は社会に出る前のトレーニング施設でもある。「殴ってはいけないのか」というような問いかけに対しては、大人の立場ならどうなのか、社会に出ればどうなるかを伝えることが大切である。

そのような話をしたうえで、「どうしたらよかったのか」という具体的な方法を本人に考えさせたい。

《参考文献》
『世界史の窓』http://www.y-history.net/appendix/wh1503-086.html
『シェアしたくなる法律相談所』https://lmedia.jp/2015/04/15/63312/

★長谷川のコーヒーブレイク

「殴ってやりました」という興奮が冷めれば、右のような語りが入る。「殴ってやる!」と息巻いている時には、「そう思ってもまだ殴っていないあなたは忍耐強いな」と言ってやる。こちらの対応で、教育の成果は変わる。

8 きれいごとじゃない本音の道徳問答　こう言われたらどうする？

100 夢はなければいけないの？なりたいものがない私はダメな子？

オススメ時期→　随時　新徳目→　向上心・個性の伸長

1 語り① 成長の証

ある会社が、小学生約千人に対し、「夢を持っているか」についてアンケートを行いました。そのうち、「ある」と答えた小学生は約九割でした。

一方、別の会社が大人約千人に「小学生の頃の夢の職業に、就くことができたか」についてアンケートをしました。

> 「一度でも夢が叶った」と答えた人は何％くらいでしょう。

16・7％、約六人に一人の割合です。夢を叶えることは簡単ではないということがわかります。夢がないという状態は、そういう厳しい現実を理解できるようになったという「成長の証」なのかもしれません。

小学生の将来の夢で多いのは、男の子なら「スポーツ選手」「警察官」、女の子なら「ケーキ屋さん」「幼稚園の先生」です。テレビで知ったり、身近にいたりと、自分の興味・関心から決めたものがほとんどです。逆に言うと、身近な職業以外を知らないということです。

> 中学生になった今、いくつの職業を言えますか。

日本には、約三万もの職業があるそうです。夢がない人は、職業の知識が少ないだけかもしれません。一緒に調べてみましょう。

2 語り② 夢とは「何になりたいか」だけではない

千葉県に、人気のパン屋さんがあります。どれくらい人気かというと、二〇台近く入る駐車場は、土日になると常に満車。

駐車場の外まで車の行列。もちろん店内も行列で、店の外に臨時レジまで設けるほどです。

他の店と何が違うのでしょうか。一つは、焼き立てパンを出すペースの早さです。普通の店で焼き立てパンが出てくるのは、大体一〜二時間に一回ほどです。一方、そのお店では一五分に一回のペースで焼き立てパンが出てきます。もう一つは、様々なサービスです。無料のコーヒーコーナー、買ってすぐ食べるためのベンチ、子どもが遊べるブランコなどが設置されています。夏祭り、クリスマスなどには楽しいイベントを無料で開いてもいます。おいしい焼き立てパン、お店のサービス、いろいろなイベント……地域の人たちからも好評で、店は常に笑顔でいっぱいです。

このパン屋の社長さんは、「お客様の笑顔のために、やれることをやる」この一点を突き詰めていった。その結果として愛されるパン屋さんになったのだそうです。

一般に「夢」と言うと、「将来、何になりたいか」を意味しますが、「周りの人を笑顔にしたい」「悩んでいる人を助けたい」といった、「どうしたいか」「どんな人間になりたいか」も立派な夢です。それが決まれば、なりたい職業も見えてくるかもしれません。ぜひ、考えてみてください。

3 補足 将来の夢（＝生き方）を描けるように

夢を持っていない生徒に「どう生きたいか」と問うても、すぐには見つけられないだろう。右のような語りを重ねて、自分で将来の夢（＝生き方）を描けるよう機会を与えていくといい。

《参考文献》
『カンブリア宮殿』http://www.tv-tokyo.co.jp/cambria/
『労働政策研究報告書 NO.57』（独立行政法人労働政策研究・研修機構）http://www.jil.go.jp/institute/reports/2006/057.html
『ドラゼミ教育研究所』http://www.shopro.co.jp/dora/laboratory/2014/04/post-1.html

★長谷川のコーヒーブレイク

何になりたいかより、どう生きたいか。これが私の指導の根っこである。セカンドベストなどの考え方も、生徒には伝えておきたいものだ。

あとがき

二〇一七年一月、TOSS伊東合宿。全国各地から集うた七〇〇名の参加者を相手に、道徳の授業を提案した。

オファーがあったのが八月半ば。「誰にでもできる授業を」とのことだった。

オーダーに応えるのがプロである。私は未だプロを目指す途上にあるが、事務局からのオーダーには常に、最大限応えようと努めている。

① 追試できるよう、発問指示を簡潔に、明確にすること。

② パーソナリティーとパフォーマンスに依拠しない授業とすること。

③ 忙しいお母さん先生も追試できるよう、授業用コンテンツ（PCデータ）も用意すること。

この三点は外せない条件であった。

オファーから本番までは四ヶ月以上ある。期間はあったが力量不足ゆえ時間がとれず、結局直前の準備となった。

過去に行った授業の中にどうしてもリニューアルしたいものがあり、今回は大舞台で初めて、別の場所で行った授業を再構成して行うことにした。

無論、教材研究をいちからやり直し、扱う人物の親族に初めて取材し、素材も入手し、組み立ての七割を変えて臨んだ。

当日の授業では、一挙手一投足をテーマに合わせて選択した。出来に悔いはない。その時の精一杯であった。

合宿後、道徳授業や分科会の内容について、多くの方からメールやお手紙をいただいた。一つ一つを有り難く拝読した。

信頼すべき方から届いたお手紙の一節に、私の真意を見抜いた分析があった。

「日本人の良さを伝える授業は、ともすると、他の民族より優れているという変な錯覚を与えるのではないかと思っています。ですが、長谷川先生の授業にはそれがなく、先人にこれだけのことをした人がいた、その人を外国の人も認めているというつくりになっています。

日本人でない人が見ても、その生き方に感動すると思います。そこが私は好きです」

三学期開始後すぐに追試（そっくりそのまま授業すること）をしたという方も複数おられ、生徒の様子をメールで伝えてくれた。中学生が熱中し、びっしり感想を書いたという文章を読み、こちらも胸が熱くなった。

他教科では突っ伏している生徒がこの授業では発言までした、教師の仕事の素晴らしさを知ったという報告には目頭が熱くなった。

子どもの事実。私にとっては、これが最大の評価基準である。

子どもの事実、中学生の事実だけを脇目もふらず追って、今日まで歩んできた。

それはこれからも変わらない。

次は、私の道徳授業シリーズを書籍にし、問題提起を試みたい。

NPO法人埼玉教育技術研究所代表理事　長谷川博之

〈編集協力者〉

星野優子　さいたま市立宮前中学校
大木島研　富士見市立諏訪小学校
森田健雄　さいたま市立三室中学校
兵藤淳人　埼玉県三郷市立早稲田小学校
吉川大胤　埼玉県鶴ヶ島市立藤小学校
横田泰紀　桶川市立桶川西中学校
新井亮　鶴ヶ島市立栄小学校
尾堤直美　春日部市立武里中学校
田原佑介　埼玉県立不動岡高校
上野一幸　福島県白河市立五箇中学校
広瀬翔　南アルプス市立甲西中学校
岡拓真　宮城県石巻市立飯野川中学校
大鳥真由香　神戸市公立中学校
荒川拓之　矢板市立矢板中学校
山口結実　山形県鶴岡市立鶴岡第三中学校
伊藤圭一　三芳町立三芳東中学校
上田浩人　北海道湧別高等学校
山本裕康　大河原町立金ケ瀬小学校
中田裕紀　松伏町立松伏小学校
中村友紀　宮城県仙台市立松陵中学校
豊田雅子　埼玉県熊谷市立妻沼西中学校
岡田健太郎　文教大学
高井徹　埼玉県白岡市　髙井歯科医院　院長

<著　者>
長谷川博之（はせがわ　ひろゆき）

1977年生。早稲田大学大学院教職研究科卒。埼玉県熊谷市立奈良中学校勤務。NPO法人埼玉教育技術研究所代表理事。TOSS埼玉志士舞代表。日本小児科連絡協議会「発達障害への対応委員会」委員。JP郵便教育推進委員。文科省委託事業「子どもみんなプロジェクト」WG委員。全国各地で開催されるセミナーや学会、学校や保育園の研修に招かれ、年間70回ほど講演や授業を行っている。また、自身のNPOでも年間20前後の学習会を主催している。主な著書に『生徒に「私はできる！」と思わせる超・積極的指導法』『中学校を「荒れ」から立て直す！』『中学の学級開き　黄金のスタートを切る 3 日間の準備ネタ』（以上、学芸みらい社）、『クラス皆が一体化！　中学担任がつくる合唱指導』『子ども・保護者・教師の心をつなぐ“交換日記&学級通信”魔法の書き方と書かせ方』（以上、明治図書）などがある。

中学生にジーンと響く道徳話100選
●道徳力を引き出す“名言逸話”活用授業

GAKUGEI MIRAISHA

2017年 5 月 1 日　初版発行
2017年 6 月 2 日　第 2 版発行
2017年11月 1 日　第 3 版発行
2018年 1 月20日　第 4 版発行
2018年 7 月 1 日　第 5 版発行
2019年10月15日　第 6 版発行

著　者　長谷川博之編著
発行者　小島直人
発行所　株式会社 学芸みらい社
〒162-0833 東京都新宿区箪笥町31 箪笥町 SK ビル
電話番号 03-5227-1266
http://www.gakugeimirai.jp/
e-mail : info@gakugeimirai.jp
印刷所・製本所　藤原印刷株式会社
装丁デザイン　小沼孝至

落丁・乱丁本は弊社宛てにお送りください。送料弊社負担でお取り替えいたします。

ISBN978-4-908637-47-6 C3037